②特洛伊木馬

這是希臘人想出來的妙計，將一隻巨型木馬放在城門前，假裝撤退。特洛伊人不虞有詐，打開城門拖木馬入城，躲藏於木馬內的士兵和城門外的軍隊裏應外合，攻下特洛伊城，取得勝利。

後來，電腦界借用了「特洛伊木馬」的故事，來形容那些透過偽裝成合法軟件吸引用戶下載的惡意電腦程式。

《奧德賽》(Odyssey)

THE ODYSSEY

A GRAPHIC NOVEL BY GARETH HINDS

故事簡介：

戰爭結束，眾英雄先後回鄉，唯獨奧德修斯在海上漂泊了十年，他最終能與家人團聚嗎？《奧德賽》描寫的就是奧德修斯回鄉前40天的海上歷險。

《奧德賽》的文學價值

兩部史詩都是描述古希臘英雄，但荷馬唯獨高度讚揚《奧德賽》。除了它的文學價值較高外，亦對西方文化有深遠影響，大量漂流冒險、荒島求生的故事也從中汲取靈感。

海洋文學的始祖

同樣是十年時間，《伊利亞德》只聚焦於特洛伊戰爭，而《奧德賽》裏的奧德修斯則在地中海遊歷，即使身陷各種險境，面對風暴、獨眼巨人襲擊等，都能憑着勇敢和機智避過一劫，所以後世視之為海上冒險故事始祖，近代小說如《魯賓遜漂流記》、《白鯨記》等亦以海上「奇遇」為題材。

魯賓遜漂流記｜丹尼爾．笛福著

熱愛航海的魯賓遜在一次航行中遇到暴風雨，不幸漂流到一座荒島。島上物資匱乏，他又如何生存呢？

白鯨記｜赫曼．梅爾維爾著

捕鯨船船長亞哈被白鯨「莫比敵」咬掉一條腿後，誓要報仇。他花了數年終於找到牠的蹤影，與牠展開搏鬥。

電影創作藍本

另一方面，《奧德賽》的故事或角色都是電影創作人愛用的元素。

職業特工隊：叛逆之謎
(Mission:Impossible—Fallout)

電影開場，主角Ethan接到的任務訊息是藏在《奧德賽》內。它不僅用來提示劇情，亦暗示了主角的經歷和奧德修斯一樣，回家之路遙遙無期。

❷哈姆雷特(Hamlet)

作者：威廉·莎士比亞(William Shakespeare)
發表年份：1601年

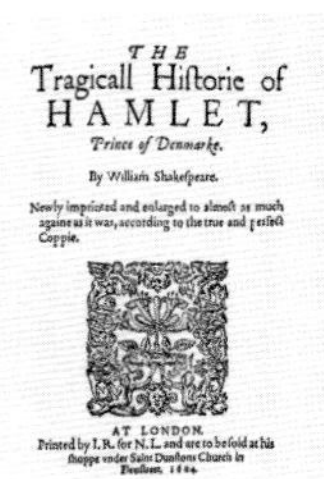

故事簡介：
丹麥王子哈姆雷特見到死去父親的靈魂，得知殺父仇人是自己的叔叔後，不惜裝瘋扮傻，伺機報仇……

盜印的《哈姆雷特》

《哈姆雷特》初次公演是在1602年，那個年代並沒有版權法，出版商只須派人到劇場把台詞速記下來，就能拼湊成書。

由於盜印書內容有誤，莎士比亞的兩名友人在他死後，將他所有的演出台本和創作草稿加以整理，在1623年出版了《威廉·莎士比亞先生的喜劇、歷史劇和悲劇》（Mr. William Shakespeares Comedies, Histories, & Tragedies），收錄了36部劇作。

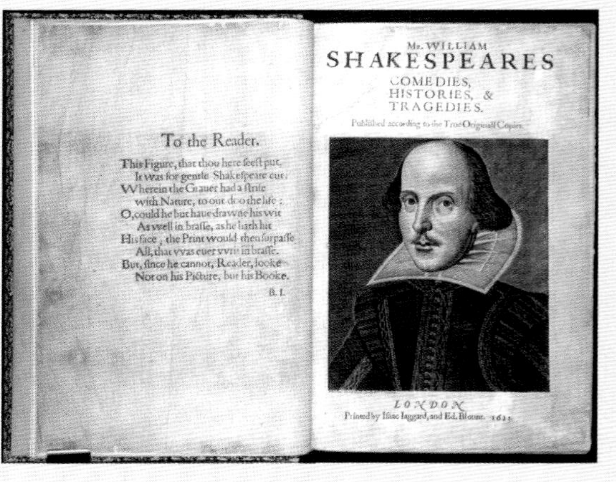

最受歡迎的劇作

《哈姆雷特》的劇本在1979至1985年間，就已經出版了92版次，它不僅是莎士比亞最受歡迎，也是最常被搬上舞台演出的劇作之一。迪士尼第一齣原創動畫電影《獅子王》亦參考了《哈姆雷特》的故事改篇。

《哈姆雷特》幻想序曲

俄國作曲家柴可夫斯基受莎士比亞戲劇啟發而創作的管弦樂作品，1888年在聖彼得堡首演，並由他親自指揮，可惜觀眾反應一般。豈料這首序曲卻因其濃厚俄國音樂風格而成為他的代表作之一，時至今日是音樂會上常見的曲目。

莎士比亞的四大悲劇和四大喜劇

四大悲劇	四大喜劇
哈姆雷特、奧賽羅、李爾王、馬克白	威尼斯商人、仲夏夜之夢、無事生非、十二夜

❸神曲（Divina Commedia）

作者：但丁·阿利吉耶里（Dante Alighieri）
發表年份：1307至1321年

故事簡介：
但丁在黑暗森林裏迷路，在危急之際維吉爾出現，帶他穿過地獄和煉獄後，又跟隨貝緹麗彩遊歷天堂。

方言文學的誕生

拉丁語是中世紀通用的語言，所有宗教、學術和官方文件都要用拉丁文書寫。由於拉丁文複雜難懂，但丁改用方言寫作，以母語托斯卡納語（佛羅倫斯方言）為基礎，並夾雜其他意大利地區的方言和拉丁文，創作出通俗易懂的文字，讀起來琅琅上口。

後來，托斯卡納語更成為意大利各地區的官方語言，現在的標準意大利語也源自於此。

死後的世界

但丁在《神曲》中展示了一個完整的死後世界。

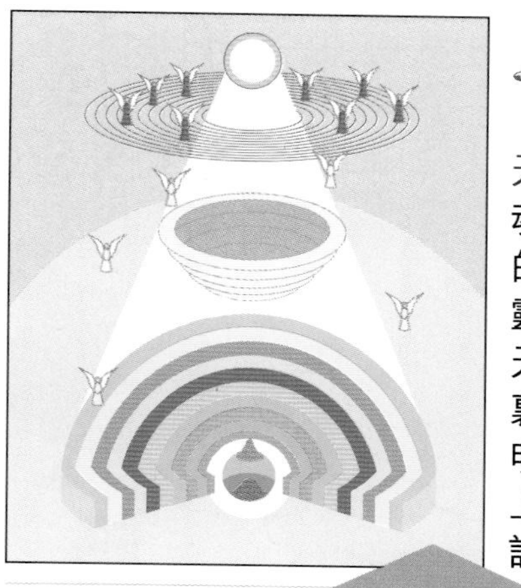

天堂

有九層，又名九重天。能進入天堂的靈魂生前都是善良正直的人，所以愈往上的靈魂愈純潔。在九重天之外是至高天，這裏是上帝的居所，光明又溫暖，但要見到上帝就要得到聖母允許。

煉獄

是一座四面環海的高山島，共有七層，分別代表七宗罪（傲慢、貪婪、色慾、嫉妒、暴食、憤怒和懶惰）。靈魂都在這裏懺悔贖罪，每上升一層就能消除一種罪，到達山頂就能通往天堂。

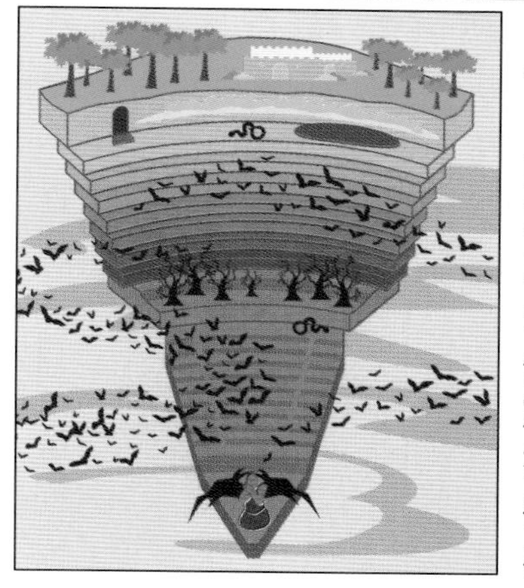

地獄

形似一個上寬下窄的巨型漏斗，中心在耶路撒冷，共有九層。這裏的靈魂都是生前犯下重罪的人，他們要先在第一層薄靈獄等候審判，然後按罪之輕重發配，愈往下罪惡愈深，刑罰亦愈重。

❹浮士德（Faust）

作者：約翰·沃夫岡·馮·歌德
(Johann Wolfgang von Goethe)
發表年份：1808年（第一部）、
1833年（第二部）

故事簡介：
上帝認為像浮士德這樣正直的人絕不會為了滿足慾望而墮落，於是和魔鬼打賭，以浮士德的靈魂作賭注。面對各種誘惑的浮士德會如何選擇呢？

這本書是歌德傾盡半生心血之作，上下兩部由構思到完稿共花了60多年。

中國四大名著

❶三國演義

（原名《三國志通俗演義》）

作者：羅貫中

發表年份：1522年

故事簡介：
描述東漢末年魏、蜀、吳三國之間的政治和軍事鬥爭。

中國第一部歷史章回小說

唐宋時代的小說以短篇為主，直到元明兩代才出現分章、分回敘事的章回小說，其特點是將全書分為若干「回」（章節），少則幾十回，多則百餘回，亦着重故事情節的發展。《三國演義》不僅是中國第一部長篇章回小說（共120回），也是第一部歷史演義。

書名	作者	性質	回
三國演義	羅貫中	歷史小說	120
水滸傳	施耐庵	俠義小說	120
西遊記	吳承恩	神怪小說	100
紅樓夢	曹雪芹	愛情小說	120

這四本書就是中國四大名著。

章回小說的特點

每回正文前都有「回目」提綱挈領，概括故事內容。

開頭往往用「話說」、「且說」等字眼，來引起讀者的注意。

多用「正是」帶出偶句，為下回故事埋下伏筆。

結尾則慣用「欲知後事如何，且聽下文分解」作結。

第一回
宴桃園豪傑三結義
斬黃巾英雄首立功

話說天下大勢，分久必合，合久必分。
（中間省略……）

正是：
人情勢利古猶今，誰識英雄是白身？
安得快人如翼德，盡誅世上負心人！

畢竟董卓性命如何，且聽下文分解。

第二回
張翼德怒鞭督郵
何國舅謀誅宦豎

且說董卓字仲穎，隴西臨洮人也，官拜河東太守，自來驕傲。
（中間省略……）

正是：
欲除君側宵人亂，須聽朝中智士謀。

不知曹操說出甚話來，且聽下文分解。

三國漫畫和電玩遊戲

無論是漫畫卡通、電影戲劇，或是電玩遊戲，都不乏三國的題材。

漫畫

橫山光輝《三國志》

漫畫在1971至1986年期間連載，主要描寫東漢黃巾之亂到三國蜀漢滅亡的故事。全套共60冊，總發行量超過8000萬冊，後來更改編成47集電視動畫《橫山光輝 三國志》。

本庄敬《料理三國》

全套共3冊，描述主角穿越時空回到三國，在神秘老人協助下，學會製作三國時代的菜餚料理。看完漫畫還能跟着食譜做料理，所以這本漫畫被視為料理入門書籍。

電玩遊戲

以三國故事和人物為背景，推出不同類型的電腦遊戲和手機遊戲，主要有角色扮演和策略模擬兩種，如「真．三國無雙」、「三國群英傳」系列，也有卡牌類桌上遊戲「三國殺」、「富甲三國」等。

▼三國殺2019標準版

想不到看漫畫，玩遊戲機也能認識三國歷史。

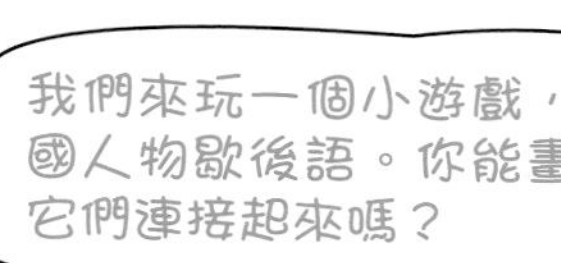

我們來玩一個小遊戲，猜猜三國人物歇後語。你能畫上線把它們連接起來嗎？

①司馬昭之心	有借無還
②劉備借荊州	勝過諸葛亮
③關公面前耍大刀	一個願打一個願挨
④三個臭皮匠	路人皆知
⑤周瑜打黃蓋	不怕臉紅
⑥關公喝酒	不自量力

《三國演義》的真實性

《三國演義》是在正史《三國志》基礎上加以改編，所以有些內容和歷史事實不符，例如在正史中並未記載桃園三結義、關羽過五關斬六將，這些都是小說虛構的情節。正因為小說創作不受限於歷史，有較大的想像空間，加上內容通俗易懂兼具娛樂性。因此，不少人對三國的認識都是源自《三國演義》，而非正史《三國志》。

小知識

	《三國志》	《三國演義》
作者	西晉陳壽	元末明初羅貫中
卷／回數	共65卷	120回
歷史觀	以曹魏為正統	以蜀漢為正統
性質	正史	歷史演義
地位	與《史記》、《漢書》、《後漢書》並稱「四史」	中國四大名著之一

答案：①司馬昭之心，路人皆知 ②劉備借荊州，有借無還 ③關公面前耍大刀，不自量力 ④三個臭皮匠，勝過諸葛亮 ⑤周瑜打黃蓋，一個願打一個願挨 ⑥關公喝酒，不怕臉紅

活潑貓找到四幅畫像，卻不知道他們是誰。你能幫她畫上線連接起來嗎？

唐三藏
孫悟空、豬八戒和沙悟淨的師父，騎着白龍馬往西天取經。

孫悟空
法力高強的石猴，自封為「花果山美猴王」、「齊天大聖」。

豬八戒
原為天蓬元帥，後來被貶入凡間，卻投錯胎變成豬的模樣。

沙悟淨
原為捲簾大將軍，後來被貶入凡間。

❷西遊記

作者：吳承恩
發表年份：1592年

故事簡介：
講述唐三藏四師徒到西天取經的故事。

大鬧天宮、真假美猴王、三借芭蕉扇都是《西遊記》的故事。

中國神魔小説經典作

明清時代，荒誕離奇的神魔小説*十分流行，最經典的要數《西遊記》。作者以玄奘（法號三藏）到天竺取經的歷史為藍本，加入大量虛構人物和降魔伏妖的情節，帶領讀者進入一個不可思議的奇幻世界。

它的內容亦真亦假，既能反映現實，又能諷刺時弊，故深受讀者喜愛。大量續書、仿作書如《續西遊記》、《西遊補》因而出現，但它們的藝術價值卻遠遠不及《西遊記》。

*以神佛、妖魔、鬼怪為題材的長篇章回小説。

走向世界的《西遊記》

1785年日本小説家西田維則將《西遊記》翻譯成日文《通俗西遊記》，這是最早的《西遊記》翻譯本。此後，開始出現大量與《西遊記》有關的漫畫、繪本、電影和電視劇。

漫畫

鳥山明《龍珠》

故事和《西遊記》並無任何關係，卻因為早期角色設定借用了很多《西遊記》元素，如悟空的觔斗雲和如意金箍棒等，所以才會讓讀者在看漫畫時多了幾分親切感。

電視動畫 《樂高悟空小俠》

樂高（Lego）同名系列玩具的電視動畫，有中、英和粵語三個版本，講述主角齊小天在一個偶然機會下得到了美猴王的如意金箍棒，成為「悟空小俠」。

這部動畫不但融入21世紀科技元素（有雲霄跑車、火焰戰斧），孩子們還可以配合悟空小俠玩具套裝，化身英雄拯救世界。

悟空小俠角色

答案：①豬八戒 ②沙悟淨 ③孫悟空 ④唐三藏

❸水滸傳

作者：施耐庵
發表年份：1610年

故事簡介：
描述北宋末年，以宋江為首的108位好漢被逼上梁山做土匪，最後被朝廷招安的故事。

小說成功塑造了魯智深、武松等人物，你知道他們的故事嗎？

我唯一看過的故事只有「武松打虎」。

→武松在景陽岡赤手空拳打死了一隻老虎，為民除害。

Photo Credit: 關良 / 耿畫廊

Photo Credit: 日本東京大學東洋文化研究所

中國第一部白話章回小說

《三國演義》採用淺白文言來敘事，偶爾夾雜一些白話，直至《水滸傳》出現，才開創白話章回小說的先河。書中描寫的都是社會低層人物，用接近口語的白話來寫既能反映他們的生活，也能在民間廣泛流傳。《水滸傳》作為第一部以通俗口語寫成的長篇小說，《大英百科全書》給予它高度評價。

←又稱《忠義水滸全傳》、《水滸全傳》。古文中「滸」，解作水邊。換言之，《水滸傳》是描述一個在水邊發生的故事。

武俠小說的江湖綽號

生動貼切的綽號比名字更能反映個性，令讀者光看名字也能知道人物性格特點，所以《水滸傳》裏的108位好漢個個都有綽號。

綽號一般取自於身體特徵，也有以職業或性格為特徵，如九紋龍史進因身上有九條龍紋身而得名。此後愈來愈多小說為角色取綽號，大家熟悉的金庸武俠小說《書劍恩仇錄》也借鑒了《水滸傳》人物的綽號。

主要人物綽號由來

人物	綽號	由來
宋江	及時雨	濟困扶危，疏財仗義
魯智深	花和尚	身上有花繡紋身，又出家做了和尚
武松	行者	指佛教中帶髮修行的人
李逵	黑旋風	皮膚黝黑
楊志	青面獸	臉上有青色胎記

我也要取個厲害的綽號。

❹紅樓夢

作者：曹雪芹
發表年份：1791年

故事簡介：
以豪門貴族興衰為背景，描寫賈寶玉、林黛玉和薛寶釵三人的愛情悲劇。

四大經典科幻小說

這些書都很好看，但不適合我，我想看娛樂性高又有趣的書，例如人工智能機械人、時空旅行等。

這些都是科幻小說常見題材，作者在創作時加入很多奇幻、恐怖、懸疑、超自然元素，展現天馬行空的想像力。

❶科學怪人
(Frankenstein)

作者：瑪莉·雪萊
(Mary Shelley)
發表年份：1818年

故事簡介：
為了解開生命之謎，科學家維多·法蘭克斯坦將四處收集得來的屍體拼湊成一個人，再用電流賦予他生命。維多駭然發現他的創造物竟然是一個樣子醜陋的怪物後，就把他遺棄在森林裏，絕望的怪物最後向維多報復。

西方文學中第一部科幻小說

科幻小說是指在科學基礎上進行的幻想。瑪莉·雪萊是最早將科幻元素引進小說創作的人，她受到當時的科技「動物電」影響而寫下《科學怪人》。科幻迷認為這本書是西方第一部科幻小說，而瑪莉就是「科幻小說之母」。

Photo credit: Murdo Macleod / The Guardian
↑複製羊多莉標本

解剖學家伽伐尼認為動物體內帶電，只要用兩種不同金屬與動物神經接觸，就能激發電流。複製羊多莉就是用電脈衝複製出來。

第一部可攜式心臟起搏器

受到《科學怪人》啟發，美國工程師厄爾·巴肯（Earl Bakken）自小對電學產生興趣，激發他在1958年製造第一部可攜式心臟起搏器。幾年後，他又與威爾遜·格雷特巴奇開發了植入式心臟起搏器，他們的發明在2001年被美國工程師學會評為二十世紀最偉大的工程技術成就。

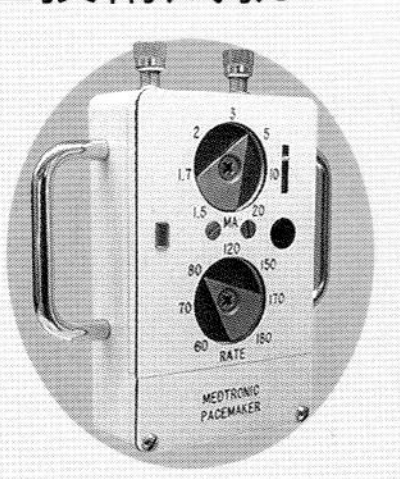

Photo credit: Medtronic
↑一起搏器的體積輕巧，患者可以把它掛在頸上。

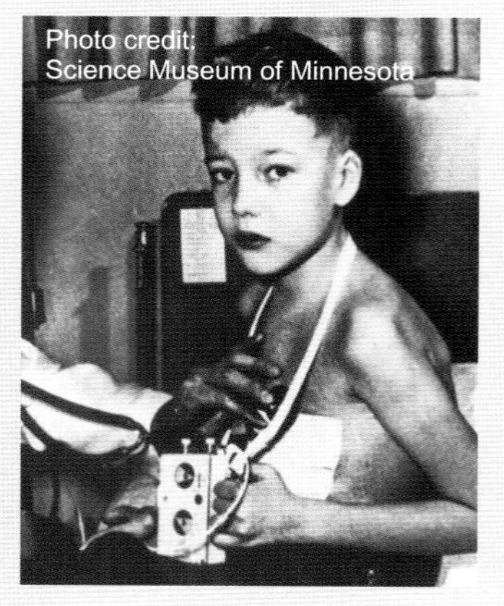
Photo credit: Science Museum of Minnesota

這本小說雖然能啟迪科學發明，但同時亦引起道德倫理爭議。

頭部移植手術成真？

1970年，人類曾經用動物進行頭部移植實驗，將一隻猴子的頭移植到另一隻猴子的身體上。由於無法將兩隻猴子的脊髓連接起來，這隻「科學怪猴」在手術後8天因免疫排斥而死亡。

隨着現代醫學發達，「科學怪人實驗」不再是空想，意大利一個神經外科醫生宣稱成功在人類身上完成首個頭部移植手術，不過相關手術細節並沒有公佈，不少人質疑手術的真偽。無論如何，「科學怪人實驗」牽涉大量道德、倫理和法律問題，絕對不能和器官移植混為一談。

你知道我是誰嗎？

❷海底兩萬里（Vingt mille lieues sous les mers）

作者：朱爾．凡爾納（Jules Gabriel Verne）　　發表年份：1870年

故事簡介：

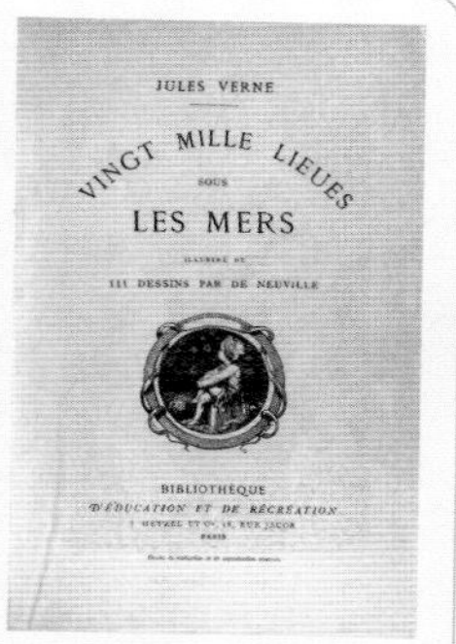

生物學家阿羅納斯教授一行人出海追捕獨角鯨，卻不幸墮海。大難不死的他們爬到牠的背上，赫然發現這並不是獨角鯨，而是潛艇「鸚鵡螺號」。船長尼莫邀請他們登船，一起展開一段跨越各大洋的海底探索之旅。

凡爾納的小說是對未來科學的預言。他一生創作了60多部小說，其中的科學幻想如今大部分已變成現實。

科幻預言成真

世界上第一艘核動力潛艇USS Nautilus SSN-571，就是以小說中的潛艇「鸚鵡螺號」命名，至今已有超過10艘名為「鸚鵡螺號」的潛艇。

在凡爾納的年代，潛艇發展尚處於起步階段，設計還是很原始。然而，凡爾納卻能在書中詳細描述「鸚鵡螺號」的設計，在現實世界中出現如此具規模的潛艇，要到1954年才製造出來。

鸚鵡螺號的進化過程

Photo credit: La Cit e de la Mer

↑由羅伯特．富爾頓建造，被認為是第一艘潛艇，當時的人形容它是「繫在船後的鈴鐺」。

1800年

↑凡爾納虛構的潛艇，圓筒形船身，兩端呈圓錐狀，靠電力來推動，最高航速達每小時 50 海里。

1870年

Photo by Scott Hanko

↑隸屬美國海軍，它是世界上第一艘作戰用核動力潛艇，也是第一艘穿越北極的船隻。

1954年

其他預言成真的例子

飛機

凡爾納在《征服者羅比爾》中預測，「將來人類一定會駕駛比空氣重的物體作定向飛行」，而熱氣球未來會被其他飛行器淘汰。

太空探索

在《從地球到月球》提到，「在緯度0至28度之間的地方，用大炮發射載人炮彈車廂，就可以將人發射到離月球3.7億英里的地方進行觀測。」

小說VS現實		
	從地球到月球（1865年）	阿波羅11號（1969年）
工具	炮彈車廂	穿梭機
人數	3人	3人
航速	36000英尺 / 秒	35533英尺 / 秒
時間	97小時13分20秒	103小時30分
發射地點	佛羅里達州	佛羅里達州

❸時間機器（The Time Machine）

作者：赫伯特·喬治·威爾斯（Herbert George Wells）
發表年份：1895年

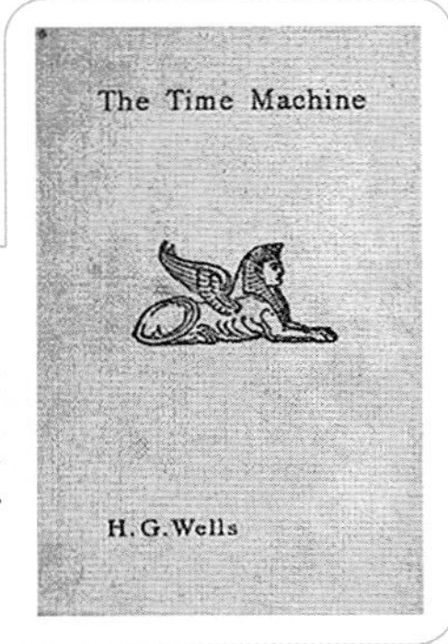

故事簡介：
一位科學家乘坐自己發明的時間機器來到公元802701年，展現在他眼前的是一個怎樣的未來世界？他最終能回到現代嗎？

四維空間

維度（Dimension）是一個空間概念，不同的維度代表着不同的空間。

	·	—	▱	立方體圖	超立方體圖
維度	零維（0D）	一維（1D）	二維（2D）	三維（3D）	四維（4D）
形狀	點	線	面	立體	超立體
特點	作為標誌位置的點，沒有長度、寬度和深度	只有長度，但沒有寬度和深度	只有長度和寬度，但沒有深度	有長度、寬度和深度	由三維立體組成，每條邊線都相互連成一線

時間旅行成真？

根據愛因斯坦的狹義相對論，前往未來的時間旅行可能已經發生了，只是我們還未察覺。俄羅斯太空人根納季·帕達爾卡是最早進行時間旅行的人，他在國際太空站逗留了878天，經過多次的高速飛行，他比地球上的人年輕了1/44秒。換句話說，他已經穿越到1/44秒後的未來。

狹義相對論：
速度愈快時間就愈慢，所以當物體移動速度接近光速*（30萬公里／秒），移動的人會明顯感受到時間變慢。

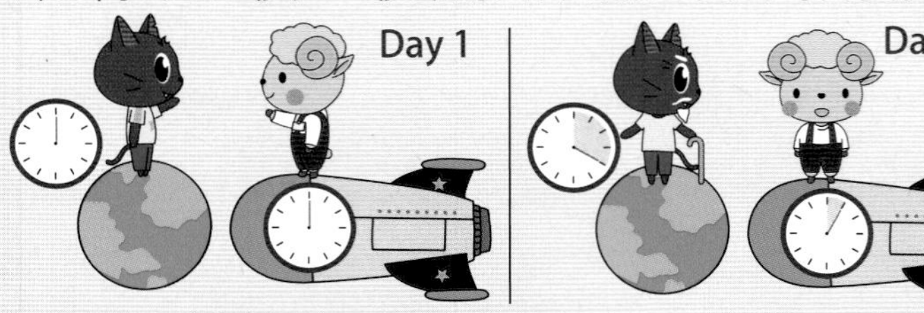

問題羊以接近光速99.99%速度飛行，一年後回到地球，發現他在太空的1年，等於地球上的7年。

*與光速相同，時間則會停滯。

霍金的時間旅行者實驗

Photo credit:
Daniel Binns for Metro

英國著名物理學家史蒂芬·霍金認為人類頂多只能前往未來，卻不能回到過去，所以他做了一個實驗，在2009年6月28日舉行一場只邀請時間旅行者參加的派對，而邀請函要等到派對結束後才公開。結果如何？當然是沒有人來，這亦證明了時間旅行是不可能實現的。

❹機器人系列（Robot Series）

作者：以撒·艾西莫夫（Isaac Asimov）
發表年份：
1954年《鋼穴》(The Caves of Steel)、
1957年《裸陽》(The Naked Sun)、
1983年《曙光中的機器人》(The Robots of Dawn)

故事簡介：
第一至三集描述討厭機械人的地球警察以利亞·貝萊來到銀河其他星球，和人形機械人丹尼爾聯手偵破多宗殺人案。

發表年份：
1985年《機器人與帝國》
(Robots and Empire)

故事簡介：
貝萊死後的兩百年，地球瀕於毀滅邊緣。丹尼爾和新的機械人拍檔吉斯卡肩負起拯救地球的責任，然而「機械人三定律」卻限制了他們的行動……

想知更多機械人的故事，請參閱第54期《兒童的學習》專輯「破解機械人的秘密」。

世界暢銷書

↓古騰堡聖經

Photo credit:
The Morgan Library & Museum

聖經（The Bible）

自第一本用活字印刷的古騰堡聖經（Gutenberg Bible）出版以來，累計全球銷量高達50億本。它不僅是全球最暢銷的書，亦是被翻譯最多的書，完整版的新舊約聖經至今已被翻譯成700多種語言。

新華字典

中國第一部現代漢語字典，出版六十多年累計發行6億多冊。最初收錄的漢字約有7000個，到最新修訂的第12版已經收錄了超過13000個漢字。《新華字典》亦在2016年獲得兩項健力士世界紀錄，分別是「最受歡迎的字典」和「最暢銷的書（定期修訂）」。

哈利波特系列
(Harry Potter Series)

JK·羅琳創作的魔幻文學小說，共有七部。該系列小說被翻譯成80多種語言，在全球200多個國家及地區出版，總銷量超過5億，是世界上最暢銷小說系列。後來，還拍成真人版電影。

適逢4月23日是世界閱讀日，旨在向大家推廣閱讀文化，鼓勵大家多看書，養成閱讀習慣。

BOOK + DVD 熱賣中！

大偵探福爾摩斯 逃獄大追捕 大電影

SHERLOCK HOLMES The Greatest Jail-Breaker

GOLDEN SCENE

DVD DOLBY DIGITAL

Rightman Publishing Limited © 2019. Licensed and Exclusively Distributed by Golden Scene Company Limited. Unauthorized Public Performance, Broadcasting, Copying and Linking of all Materials is Strictly Prohibited.

粵語、英語配音

人物設定 & 製作資料集

附〈STEM 解說〉

隨書附送精美明信片2張

大偵探福爾摩斯 逃獄大追捕 大電影

SHERLOCK HOLMES The Greatest Jail-Breaker

BOOK + DVD

正文社

BOOK + DVD 只售$128

主要人物設定

Sherlock Holmes

福爾摩斯

凶手就是他！

倫敦最著名偵探

第一個畫面一分鏡

紙張怎麼沒有燒盡？

特刊內容包括

精美設定資料

幕後製作特輯

劇中科學原理解說

附送精美明信片2張

原著 厲河　導演 袁建滔 鄒榮肇

正文社出版有限公司　天下一電影製作有限公司　高先電影有限公司　文影製作社　東優有限公司 聯合出品

GOLDEN SCENE 高先電影 榮譽發行及宣傳 @GoldenSceneHK　支持機構 兒童的科學　兒童的學習　21st ACGHK 香港動漫電玩節　citywalk

少年夏洛克一如以往地在豬大媽的雜貨店中幫忙。自從遇襲案*之後，豬大媽總是鬱鬱寡歡。夏洛克雖然儘量抽空相伴，但始終沒法讓豬大媽提起精神來。為了減輕豬大媽的負擔，他比以往更賣力地為她打點店子。

這一天，他正在門外執拾貨物時，穿着格子外衣，頭戴報童帽的猩仔，一蹦一跳的走到他的跟前。

「嗨！乾弟弟，你大哥我來了！」猩仔高聲嚷道。

夏洛克沒有理睬，繼續利落地把不同種類的糖果分門別類地盛到不同的籃子中。他認識這位猩仔，但不想承認自己是乾弟弟，所以故意裝作聽不到。

猩仔看到他沒反應，提高聲量叫道：「乾弟弟！你耳屎太多，所以聽不到我說話嗎？」

「你才耳屎多！」夏洛克忍不住說，「還有，我不是你乾弟弟。」

「你不認我做大哥也罷，起碼也叫我一聲猩哥呀。」猩仔搭着夏洛克的肩膀故作熱情地說道。

* 詳見《大偵探福爾摩斯》第53集。

夏洛克與猩仔在數星期前相識，那時候，雜貨店的店主豬大媽**遇襲暈倒**，夏洛克匆忙找路人幫忙，慶幸對方懂得急救，豬大媽才能安然無事。但是，沒想到猩仔竟然在那時亂闖進來，更令人意外的是，那位熱心的路人不僅是猩仔的老相識，還是一名**私家偵探**。兩名少年更在他的帶領下，查出襲擊豬大媽的兇手，並將之**繩之以法**。

在那之後，夏洛克沒再跟猩仔見面，想不到他今天會忽然找上門來。

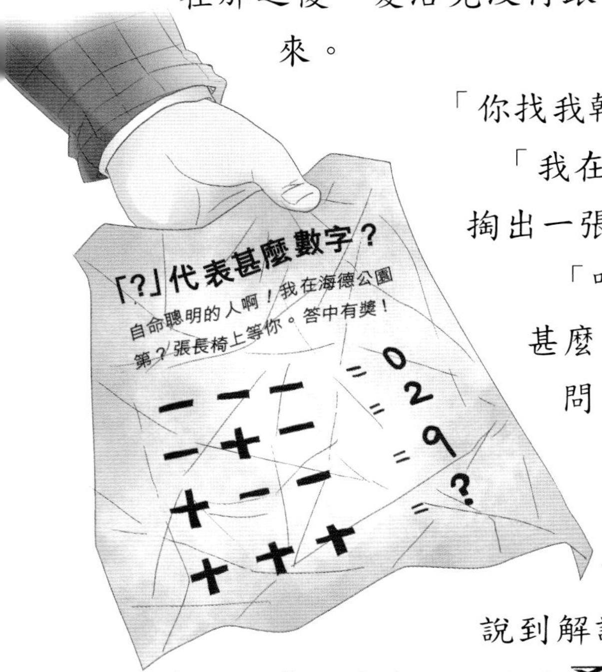

「你找我幹麼？」夏洛克側身甩開猩仔的手問。

「我在大街那邊拿到這東西。」猩仔從口袋裏掏出一張**皺巴巴**的單張。

「唔？只是一些**十**一符號和數字，究竟是甚麼意思？」夏洛克看着單張，不明所以地問。

「我想是甚麼人設計的**解謎遊戲**吧。你不覺得很有趣嗎？」猩仔興奮地說，「你不想試試解答嗎？」

說到解謎，夏洛克馬上想起那位充滿智慧的私家偵探：「這些事你該去找**桑代克先生**啊。」

「哎呀，還用你說嗎？我早已去過了，可是我幾次到偵探社拍門，都沒人回應啊。」

「那麼，你可自己試試解謎呀，難道試過了卻解不開？」

「我……我怎會解不開？」猩仔一怔，但馬上反問，「嘿！我想**考考你**罷了！你知道答案嗎？」

夏洛克取過單張再仔細地看了一會，說：「這些**十**和**一**，看來是和算術有關呢。」

「哎呀，任誰也知道那是『**加**』和『**減**』呀，當然與算術有關啦！」猩仔沒好氣地說，「問題是『**?**』代表甚麼數字呀。」

「『**加**』和『**減**』？」夏洛克瞄了猩仔

一眼，搖搖頭說，「你看到的和我看到的並不一樣呢。我已算出答案了，『**?**』代表的數字是『**20**』。」

「『**20**』？」猩仔摸不着頭腦，「你怎算出來的？」

「甚麼？原來你不知道嗎？」夏洛克斜眼看着猩仔，露出一副懷疑的表情。

各位讀者，
你們知道為何答案是「20」嗎？
想不到也沒關係，
答案可在第27頁找到。

「**不……哈哈哈！**」猩仔慌忙假笑幾聲，「我當然知道啦！既然已算出了答案，我們馬上去**海德公園**看看吧！」猩仔抓起夏洛克的手臂就想跑。

「不，我還要看店子啊。」夏洛克有點猶豫。

「**你去吧。**」豬大媽突然從店裏走出來說。原來，猩仔嗓門很大，兩人的對話她全都聽到了。

「可是，你的病剛好……」

「放心，我很健康，還輪不到你這**小鬼頭**來替我擔心！」她像大力士似的舉起雙臂，中氣十足地說。

夏洛克知道豬大媽希望自己多交朋友，不要老待在店子裏，才會這樣逞強。因為，自己之前老是在學校打架，沒交到甚麼朋友。她已經不止一次提醒自己要認識多點**年紀相若的朋友**了。

「我的糖果很好吃，你有空要多來光顧喔。」豬大媽對猩仔笑道。

「**好呀！**」猩仔回應一聲，隨即推着夏洛克說，「快走吧！快走吧！」

「哎呀！別推我，我自己會走呀。」夏洛克沒好氣地說。

海德公園是倫敦最大的公園，它面積廣闊，就算平日也有不少人喜歡到這裏散步和野餐，是能讓人忘卻城市繁喧的**神奇綠洲**。夏洛克與猩仔來到這裏後，才發現這公園實在太大，單是長椅就超過100張。

「說到底，**第20張長椅**即是哪一張呀？」猩仔看着散落於公園四處的長椅苦惱地說。

「在長椅背後都有一組數字呢。」夏洛克用心觀察後說。

原來，每張長椅上都刻有不同的數字，讓公園管理人員可以根據這些號碼來識別椅子的位置，方便管理和維修。

兩人根據號碼沿路前進，終於在一棵大樹的樹蔭下，找到**第20號**長椅。但猩仔反復地小心檢視，都沒發現椅子有甚麼特別。

「哎呀，是不是你算錯了數目呀？」猩仔向夏洛克抱怨地說。

「嘿嘿嘿，看來你們已破解了單張上的謎題呢。」忽然，一個沙啞的聲音從背後的大樹傳來，把兩人嚇了一跳。

夏洛克回頭一看，只見一個人影隱藏在樹蔭之下。

他定睛看去，才發現是個老人。他身穿深綠色的大衣，留着長長的灰白鬚子，頭髮蓬蓬鬆鬆的，像是很久沒有修剪過。

「是啊！是本大爺破解的。」猩仔毫不客氣地把功勞歸於自己。

「真是天資聰慧，像你們這樣的天才，將來一定會成為大人物！」老人口甜舌滑地吹捧。

「哇哈哈！過獎了，那點小謎題，怎會難倒我們。」猩仔自我吹噓。但夏洛克卻感到有點不自在。

「那單張是你寫的嗎？」他向老人問道。

「沒錯，老朽外號智慧老人，最喜歡創作謎題。」老人捋了一下鬍鬚說，「既然創作了嘛，當然想讓其他人來玩玩啊。」

「單張上說答中有獎？你沒說謊吧？」猩仔毫不客氣地追問。

「當然沒說謊，你們已獲得了參加解謎比賽的權利啊。」老人張開雙手誇張地說明，「只有真正聰明的人，才有資格參加我設計的比賽。」

「請問是甚麼比賽？」夏洛克問。

「只要能連續破解我**3道謎題**，你們每人就可得**10枚銀幣**作為獎金。」老人狡黠地一笑，不慌不忙地補充道，「不過，你們得各自先付1枚銀幣作為**參加費**。」

夏洛克用肘子輕輕地撞了猩仔一下，低聲說：「這也太可疑了吧。」

「你們這麼聰明，不會害怕甚麼謎題吧？」老人巧言道。

「這個當然！我又帥又聰明，沒甚麼好怕的！」猩仔被讚得飄飄然，**自吹自擂**地說，「我參加！儘管放馬過來吧！」

說着，他掏出1枚銀幣交給老人，並對夏洛克說：「你沒錢參加的話，就看我表演好了。」

「誰說我沒有！」夏洛克不服氣地掏出1枚銀幣交給老人。那是豬大媽給他的**工錢**，本來打算交給媽媽當家用的，但能夠贏得10枚銀幣的話，媽媽一定會更高興。

老人收下銀幣後**咧嘴一笑**，露出了滿嘴爛牙，說：「嘻嘻嘻，首先是這道謎題，你們看看。」說着，他掏出一張紙遞了過去。

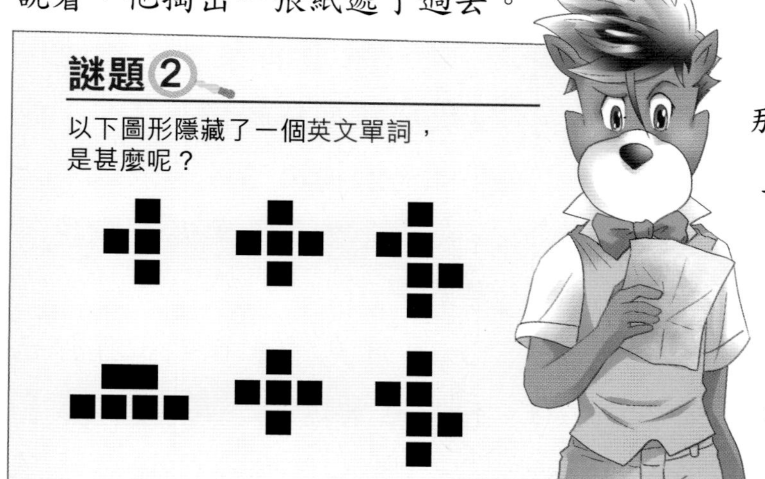

「唔？」夏洛克接過那張謎題紙細看，只見上面有6組由**黑色小方塊**組成的圖形。

「哎呀，你看不懂的啦，讓我來吧。」猩仔一手奪過謎題紙，看了又看才說，「唔……？這些小方塊隱藏了一個英文單詞？難道要用**火**炙一下才能看見？」

「哎呀，這是**考智力**的問題，破解它只須使用腦袋，毋須使用其他工具。」老人沒好氣地提醒。

「是嗎？唔……惟獨**第4個圖案**有點與別不同呢。」夏洛克想了想，忽然眼前一亮，「啊！我知道了！」

「甚麼？你這麼快就知道了？」猩仔訝異。

「不要把注意力放在**黑色小方塊**上，就能看到答案了。」夏洛克一語道破，「第一組方塊其實是英文字母『**C**』！」

「呀！」猩仔大吃一驚，慌忙凝神盯着另外幾組方塊。

各位讀者，
你們知道猩仔所說的答案是甚麼嗎？
想不到也沒關係，
答案可在第27頁找到。

不一刻，他**靈光一閃**似的，一步搶前，在老人的耳邊低聲說了些甚麼。

「**哈哈哈！好厲害！**」老人笑道，「全對！你的答案全對了！」

「哇！我贏了！」猩仔使勁地擦一擦鼻子，**揚揚得意**地朝夏洛克咧嘴一笑，還擺出了一個「V」形的勝利手勢。

謎題③

以下圖案隱藏了一個英文單詞，那是甚麼呢？

夏洛克只能無奈地苦笑。

「**好！**再來下一個吧。這次的難度稍稍提升了。」說着，老人掏出了另一張紙。

「這次是圖案呢？我猜答案是——」

夏洛克還未說完，猩仔已不滿地嚷道：「**喂喂喂！**你又想搶答？這題應該由我先答呀！」

「好吧。」夏洛克知道與猩仔爭辯只會

沒完沒了，只好退後一步，任由他去解答。

「唔……這些圖案與**英文單詞**有關連的話……？」猩仔想了想，信心十足地說，「對！應該先把代表圖案的英文寫出來！」

「嘿！你的**思路正確**。」老人笑道。

「唔？」可是，猩仔卻搔搔頭。

「怎麼了？」夏洛克問。

「我不懂這圖案的英文單詞怎樣寫。」猩仔指着「**蝙蝠**」說。

聞言，夏洛克和老人兩人腿一歪，差點同時摔倒。

「是『**BAT**』吧？右邊應該是『**BAG**』。」夏洛克說。

「啊？左右兩個單詞很相似呢！」猩仔感到意外。

「對，只差一個**字母**而已。」

這時，猩仔和夏洛克沒察覺到，在他們**你一言我一語**之間，老人露出了奸詐的笑容，似乎心中另有盤算。

「所以，那個『≠』是代表兩個單詞並不相同！」猩仔說。

「那麼，你知道其他圖案代表甚麼單詞嗎？」夏洛克問。

「我嘛……嘻嘻嘻……哈哈哈……」猩仔以假笑掩飾不懂解答的尷尬，並說道，「我突然發覺自己常常搶着回答，實在有失**大哥的身份**。況且這道謎題太容易了，就由你來表演吧。」

「是嗎？」夏洛克斜眼看了看猩仔，然後把英文單詞寫在那些圖案的旁邊，遞給了老人。

老人看了看，誇張地讚歎：「**嘩！好厲害！全答對了呢。**」

「真的？給我看看！」猩仔想伸手去搶那張謎題紙。

但老人一手就把謎題紙塞進自己口袋中，說：「你不是已知道答案了嗎？還看甚麼？」

「**啊！**」猩仔一怔，慌忙辯解道，「我只是想看看他有沒有寫錯罷了。」

「好了！接下來是最後一關了，加油吧。」老人說着，從口袋裏拿出一張紙，把它像野餐墊般鋪在地上。夏洛克與猩仔連忙蹲下來細看。老人趁他們的注意力全集中在紙上時，已悄悄地退開了。

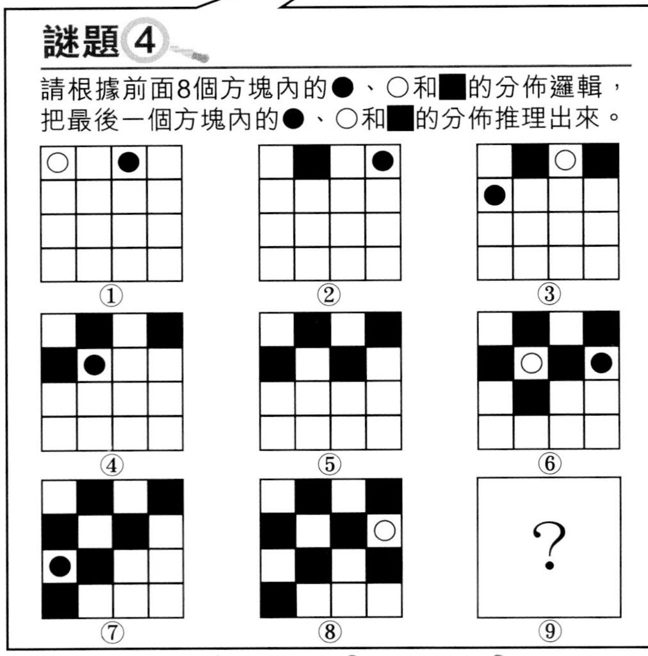

這個謎題可把夏洛克和猩仔難倒了。他們左看看右看看，惟一能確定的是『■』依斜角遞增，但『○』和『●』卻像是隨機擺放，完全看不出它們移動的規律。

猩仔拚命地思考，但他愈是努力思考，臉容就愈是扭曲，更開始發出一些拉不出屎似的痛苦呻吟：

「嗚……嗚……嗯……嗯……」

「等等！別那麼用力呀！」夏洛克看到這張似曾熟悉的臉容，馬上驚慌起來。

「不用力……唔……又怎能破解……嗯……嗯……」猩仔此時已滿面通紅，他閉着呼吸一會後突然振臂高呼，

「黑點！我知道了！要留意黑點！」

他的話音剛起，就馬上被「咘」的一下巨響蓋過！

「哇呀！」夏洛克掩鼻大叫，「桑代克先生不是提醒過你，不要再用拉屎功嗎？」

「哈哈哈！」猩仔毫不害羞地大笑，「他叫我用咬香蕉代替拉屎功，但我現在沒有香蕉呀！」

夏洛克使勁地撥開臭氣，說：「算了，快把答案告訴老先生吧。」可是，當他回過頭去時，卻發現老人已消失了。

「**糟糕！那老人走了！**」夏洛克大驚。

「哎呀！他拿走了我們兩個銀幣呀！」

這時，猩仔兩人才驚覺這是個騙局。老人為的是他們的銀幣，根本沒想過要支付獎金。

各位讀者，
趁猩仔兩人在追尋老人時，
你們也想想謎題4的答案吧。
想不到也沒關係，
答案可在第27頁找到。

「追！」兩人急忙追出公園，可是老人去如黃鶴，已不見他的片鱗隻影。

兩人在附近找了好一會，就是不見老人的蹤影。

「算了，是我們倒霉，再找也沒用。」夏洛克垂頭喪氣地說。

「不行！一定要找到他才行！」猩仔拉着夏洛克說。

「別浪費時間了，全因我們自己貪心才會被騙。」夏洛克晦氣地甩開猩仔的手。

「豈有此理，你怎麼把壞人的錯，說成是自己的錯？」猩仔斥責，「我們雖然應該反省，但起因是那個老騙子呀！」

夏洛克沒想到猩仔會如此詞嚴義正，剎那間變得啞口無言，只好跟着猩仔再去追尋老人的去向。

終於，兩人問了一個少女和四個路過的街坊，得知老人原來是附近臭名昭著的賣藝人。他常常用各種手法，例如象棋殘局和解謎遊戲等等，引人付費挑戰，但最後總是沒人勝出，街坊們已不再上當了。於是，他到別的地方派傳單吸引**獵物**來到公園，然後再耍計**騙財**。

「那麼，你們有沒有看到老人往哪裏走了？」猩仔向少女和那四個街坊問道。

「我看到老人朝**公園的方向**走去。」少女答。

「他朝**廣場**走去，然後走進了**左邊的小巷**。」街坊甲說。

「那邊的**林蔭大道**正在修路，他應該沒法通過。」街坊乙說。

「我剛才一直在**商店街**，沒有看到老人啊。」街坊丙說。

「老人剛才進了我的**店子**，從店子出來後，往**右邊**走了。」街坊丁說。

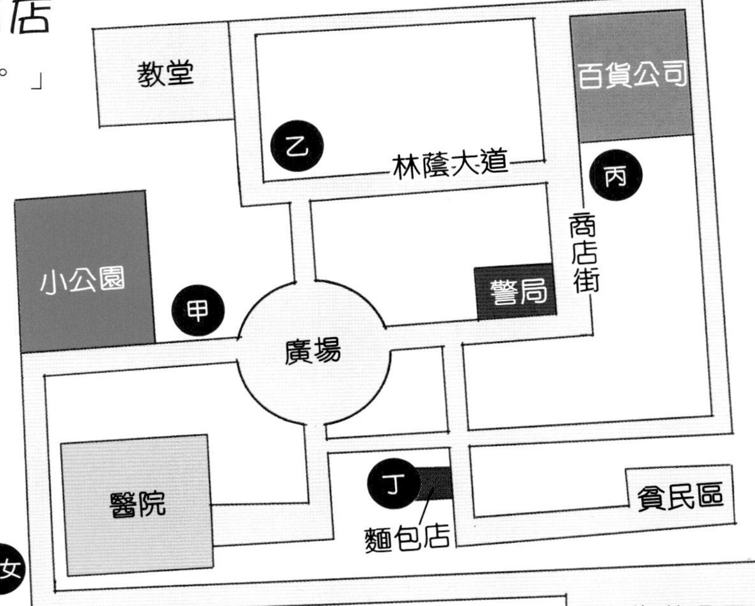

各位讀者，
你們也能依循少女和四位街坊的說話，找到老人嗎？
想不到也沒關係，
答案可在第27頁找到。

猩仔和夏洛克向五人道謝後，就依循他們提供的線索，終於找到**老人的房子**。

自稱**天不怕地不怕**的猩仔，自告奮勇地衝進房子，卻見老人正在照顧一個看來只有兩三歲大的男孩。

「喂！你答應會付獎金的！怎麼**一聲不響**就走了？」猩仔不由分說地罵道。

老人大吃一驚，他沒想到猩仔兩人竟會追上門來，只好低頭道歉：「對不起，其實我已**身無分文**……賣藝又沒人看……已沒有

能力掙錢，只靠一點小聰明來騙騙人，沒想到你們那麼聰明，把謎題都破解了。非常抱歉，你們那兩個銀幣，已被我用來買了麵包和牛奶……我和孫兒已兩天沒吃飯了……」

「甚麼？」猩仔訝異，「兩天沒吃飯？我少吃一點也會昏倒，你沒騙我們吧？」

「你看我這裏家徒四壁，就知道我沒騙你……」老人有點感到無地自容地說。

夏洛克和猩仔看了看屋內，果然，客廳的陳設非常殘舊，沒有一件是值錢的東西。

「算了吧，他出的謎題很有趣，我們也玩得很開心呀。」夏洛克對猩仔說，他實在不忍心叫一個山窮水盡的老人賠錢。

「我沒所謂啊。」猩仔聳聳肩，「但你要打工賺錢，那1枚銀幣對你來說也不算少吧？」

夏洛克雖然想反駁，但自從父親離家出走後，家庭經濟的重擔就落在母親一個人身上，他的家境實在說不上是富裕。

猩仔想了想，就掏出1枚銀幣遞過去：「最初是我叫你來玩解謎遊戲的，那1枚銀幣就算是我出的吧。」

「可是……」

「別擔心，我的爺爺非常疼我，零用錢多到花不完呢。」猩仔得意地說，並把銀幣硬塞到夏洛克的褲袋裏去。

「對了。」猩仔轉過頭去向老人說，「老頭子，這次就放過你吧。但千萬不要再騙人啊！這是送給你孫子買糖果吃的。」說完，就把2枚銀幣放到桌上。

夏洛克見狀，也掏出銀幣放到桌上，說：「**這枚也送給你吧。**」

「啊……謝謝……謝謝你們！」老人驚詫萬分，抱着孫子不斷向兩名少年鞠躬道謝。

「老頭子，我們走啦！」猩仔大叫一聲，就拉着夏洛克告辭了。

老人放下孫子走到門邊，看着遠去的兩人自言自語地說：「猩仔……沒想到你這個搗蛋鬼竟然粗中有細，不僅對人寬容，還樂於行善，真是難得啊……那個夏洛克嘛，實在智力過人，將來必成大器呢。」

說完，老人忽然挺直腰杆子，並伸手往臉上一抹，把臉上的化裝抹去——啊！原來他是唐泰斯，剛才的一切，都是為了考驗猩仔和夏洛克而設計出來的！

這邊廂，夏洛克與猩仔已走在回家的路上。

猩仔忽然問：「我說呀，你沒想過長大後做甚麼嗎？」

「沒有呀。」夏洛克反問，「你有想過嗎？」

「當然有！我自小就夢想成為蘇格蘭場的警探，為民除害！看你不笨，智商也比得上我——」猩仔擦一擦鼻子，大言不慚地說，「——的十分之一，不如來當我的部下吧！」

「甚麼？十分之一？我才不要當你的部下。」夏洛克受不了猩仔的自大，一口拒絕。

「哼，真沒出息。」猩仔趾高氣揚地揮一揮手說，「我走這邊啦，後會有期！」

「我走這邊，再見！」夏洛克與猩仔揮別後，踏上了獨自回家的路。這一天的經歷，讓他再一次感受到解謎查案的樂趣。

他望着昏暗的街燈，回想起與桑代克先生那段有趣又驚險的探案經歷，不禁喃喃自語：「也許……我長大後，也會當個私家偵探吧。」

謎題1

? =20

每一行前後的加減符號，其實是代表中文數字的一和十，「＋＋＋」，是「十加十」的意思，所以答案是20。

謎題2

別被█影響，集中留意█與█之間的空隙，就能發現隱藏着的英文字母。而它們連起來就是COSMOS。

  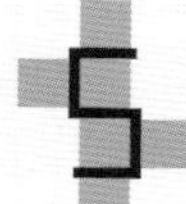   

謎題3

把所有圖案所代表的英文單詞寫出來後，就會發現每行都有1個字母不同，只要把這些字母排列起來，就能得出單詞「GHOST」了。

	BAT	≠		BAG
	MOUSE	≠		HOUSE
	PAINT	≠		POINT
	KING	≠		SING
	DOG	≠	•	DOT

→ **GHOST**

謎題4

其實，●與○一直向右邊逐格移動，但有時會被■遮蓋。只要留意它們的移動規律，就能推測到最後●○兩點會來到第三行。

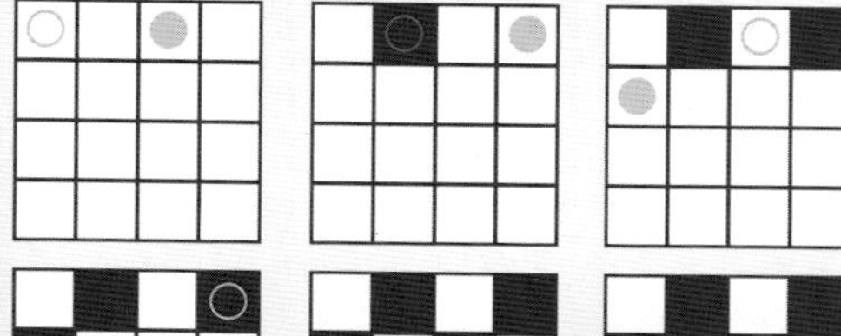

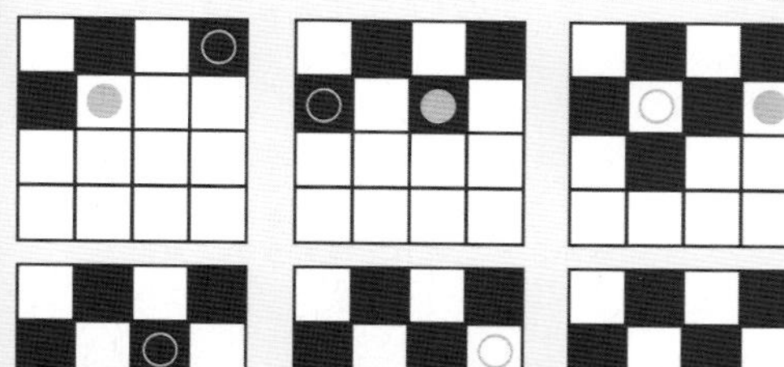

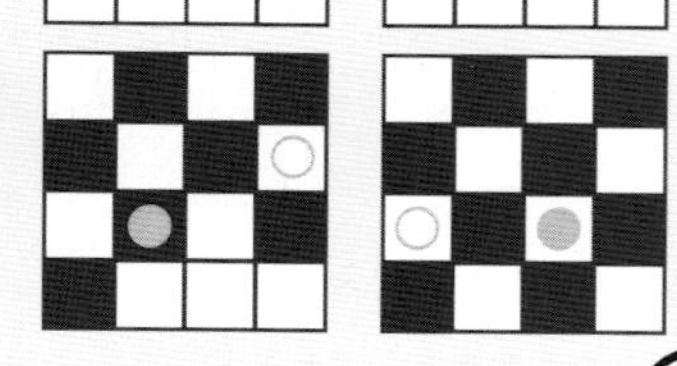

謎題5

只要想清楚少女和街坊等人面向甚麼方向，弄清左右就能輕易破解這個謎題了。

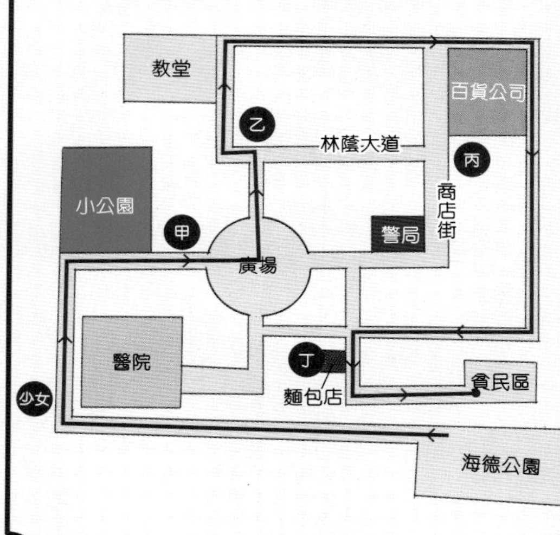

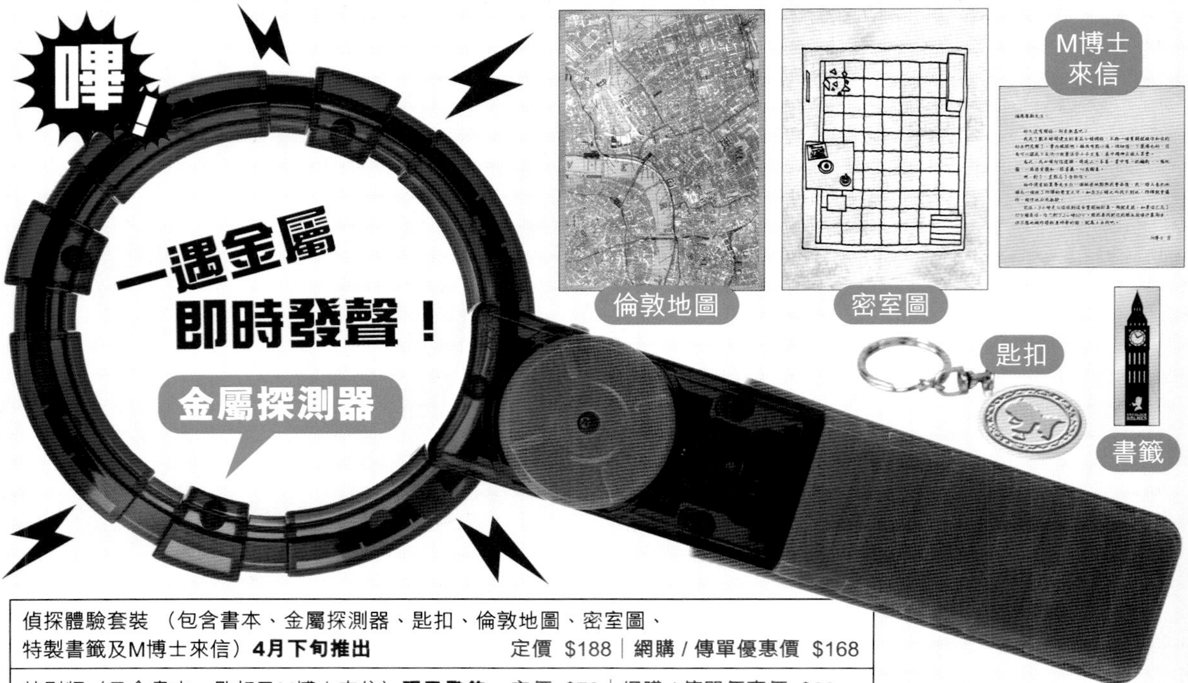

不少組織及機構都為「世界閱讀日」舉辦比賽、講座等不同類型的活動，鼓勵大家多看書、多創作，你有參與當中的活動嗎？

《兒童的學習》編輯部

讀者意見區　胡芷溱

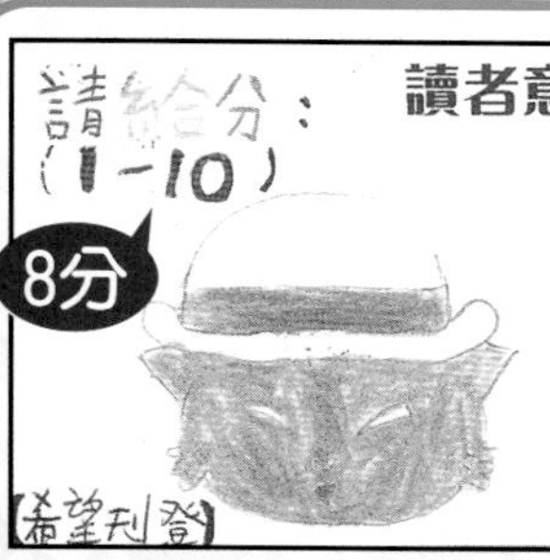

希望之後的兒童的學習裏面的巧手工坊和簡易小廚神出多一些影片在正文社的Youtube Channel。

除了「正文社」外，有些影片會放在「柴犬旅行團」，兩個頻道大家都要看呢！

正文社 YouTube

柴丸旅行團 YouTube

讀者意見區　孫潤晴

請問出版書本的過程是怎樣的？

《兒童的學習》第31期的專輯以《大偵探福爾摩斯》為例，說明了如何製作一本書，可以看看啊！

插圖畫廊

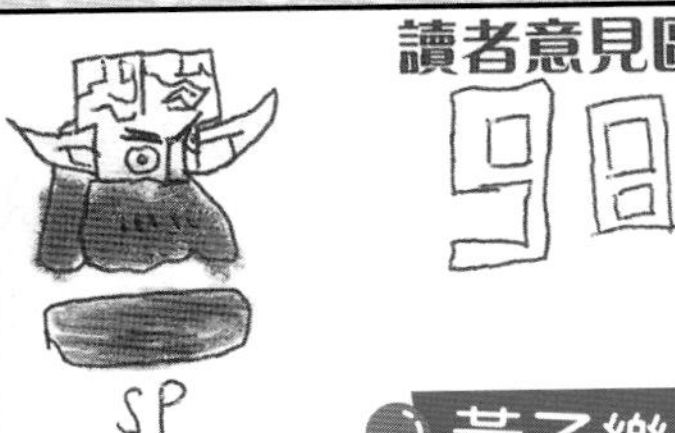

讀者意見區　劉匡晴

希望刊登　請評分1-10

今期森巴很搞笑!!那個雷眼男孩太天真了!!

8分

教授蛋答問區

Q1 杯麵是誰發明的？

杯麵是由日籍台灣人安藤百福約在1960年代發明的，後來安藤還創立了知名的日清食品公司呢。

提問者：林靖

Q2 北極熊是住在北極嗎？

北極熊主要住在北極圈附近，活動地點分佈在美國阿拉斯加、加拿大西北部、俄羅斯西北部、挪威及丹麥格陵蘭。

提問者：倪煒然

如果大家有任何疑問，也可寫在問卷上寄回來，讓教授蛋解答。

快樂大獎賞

書中自有黃金屋

看書學到的知識，比黃金更有價值，讓你一生受用。

參加辦法

於問卷上填妥獎品編號、個人資料和讀者意見，並寄回來便有機會得獎。

A 鬼滅之刃襟章機

1名

漫畫連載雖然完結，但你也可以製作屬於自己的鬼滅之刃襟章。

B LEGO哈利波特系列霍格華茲課本：變形學76382

1名

拿出咒語書，與妙麗、榮恩一起練習魔法。

C 角落生物束口便當袋

1名

不放午餐盒，也可放隨身小物。

D 兒童的科學教材版第146期動畫樂園

1名

開啟轉筒，就能從狹縫中看到動畫！

E LEGO機械組系列競技飛機 42117

1名

乘螺旋槳飛機遨遊天際吧。

F 《大偵探福爾摩斯》交通工具圖鑑

1名

在日常生活中學會各種交通工具的知識。

G 森巴襟章2枚

2名

別上可愛的襟章，用來裝飾衣服、書包或筆袋。

H 大偵探動畫機

1名

眾角色為你示範不同的動畫效果。

I Vtech迪士尼冰雪奇緣2手錶

1名

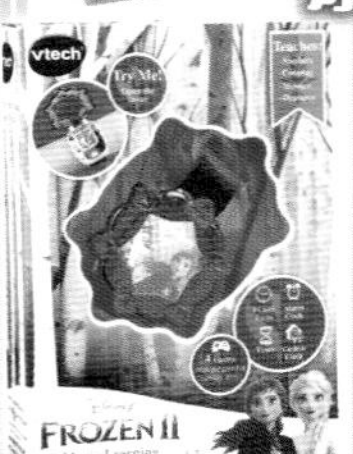

手錶除了看時間，還可以玩學習小遊戲。

第60期得獎名單

A LEGO City海底勘探潛艇60264	李鋸湛
B 角落生物偷錢發聲錢箱	李康蕎
C 大偵探文具套裝	劉喬熙
D 湯瑪士小火車與Cassia運輸組合	羅諾軒
E 冰雪奇緣安娜毛公仔	洪悅喬
F ALEX Brands DIY 創意賀卡工藝套裝	李妙為
G 大偵探 450毫升水樽	葉傳恩
H 迪士尼公主手鍊手錶（隨機獲得其中一款）	簡芷澄 沈嘉曦
I 4M石膏彩模機械人	黃殷童

截止日期2021年5月14日
公佈日期2021年6月15日（第64期）

- 問卷影印本無效。
- 得獎者將另獲通知領獎事宜。
- 實際禮物款式可能與本頁所示有別。
- 本刊有權要求得獎者親臨編輯部拍攝領獎照片作刊登用途，如拒絕拍攝則作棄權論。
- 匯識教育有限公司員工及其家屬均不能參加，以示公允。
- 如有任何爭議，本刊保留最終決定權。

特別領獎安排 因疫情關係，第60期得獎者無須親臨編輯部領獎，禮物會郵寄到得獎者的聯絡地址。

第61期《兒童的學習》5周年簽名板獎賞活動得獎名單

《森巴FAMILY》梁永康、《M博士外傳》麥森泳

今期繼續送出《M博士》、《森巴FAMILY》簽名板，記得填妥問卷！

迷你M博士記事簿

親子

記事簿是書本的好拍檔，可以將重點內容記下來。製作記事簿步驟簡單，完成後可寫字或填色，甚至自己設計也可以啊！

封面是M博士外傳的縮小版啊！

所需材料

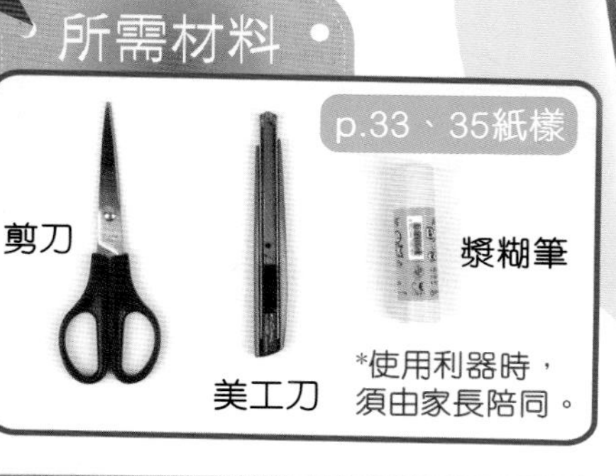

掃描 QR Code 進入正文社YouTube頻道，可觀看製作短片。

製作流程 書頁

製作難度：★☆☆☆☆
製作時間：約 20 分鐘

❶ 將書頁沿邊剪下。

❷ 如圖示（書頁內容向上）沿線向內摺，摺成3等份。

❸ 攤開紙樣，將做法❷的摺痕呈直線方向擺。

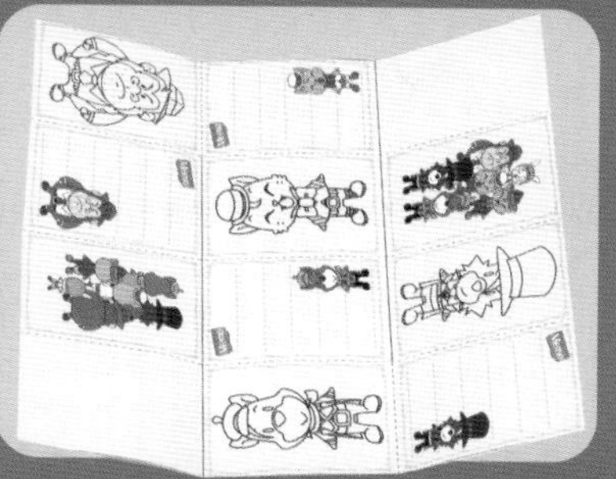

❹ 向中央線對摺，攤開。

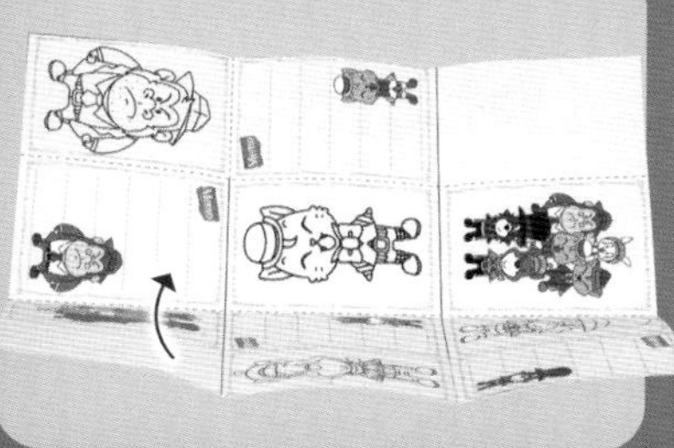

❺ 兩邊再沿線對摺，攤開。

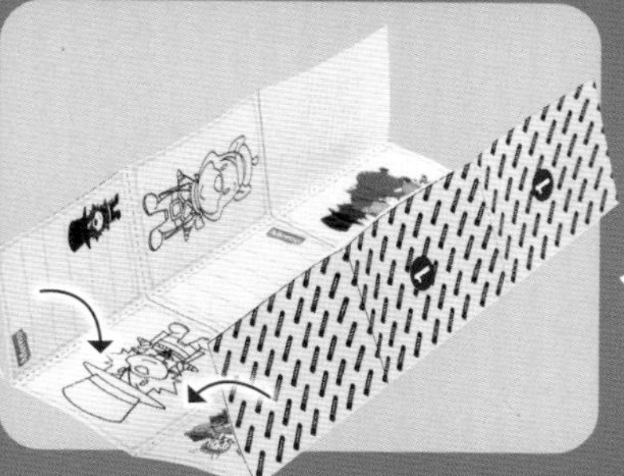

❻ 3等份的其中一邊向內摺，用美工刀沿紅線裁切。

❼ 另一邊做法相同。

❽ 將開口位的第一格向內摺，第二格向外摺，如此類推，形成書頁的雛型。

❾ 將黏貼位1及2分別用漿糊筆黏好。

❿ 將黏貼位3、4及5分別用漿糊筆黏好。

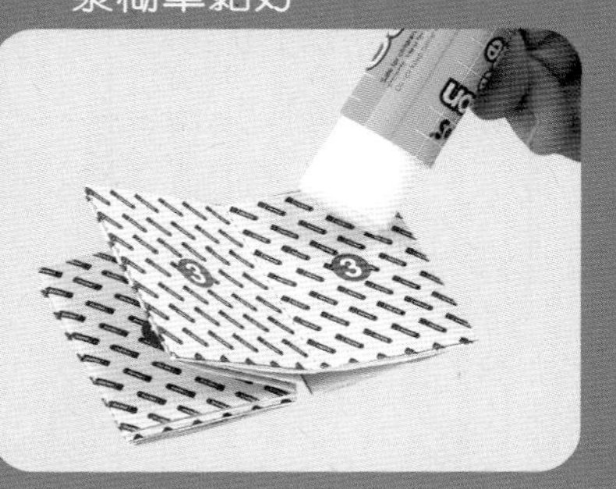

封面

⓫ 將封面沿邊剪下。

⓬ 將背面黏貼位沿虛線向內摺。

⓭ 在黏貼位塗上漿糊，套在書頁對準位置黏好。

自製書頁

尺寸：15cm X 15cm

製作：其中一邊畫直線平均分為3等份（即每份5cm），其餘步驟依照做法❸開始做。

用途：除了記事簿，也可用作貼紙簿、畫簿等等。

15cm

5cm

15cm

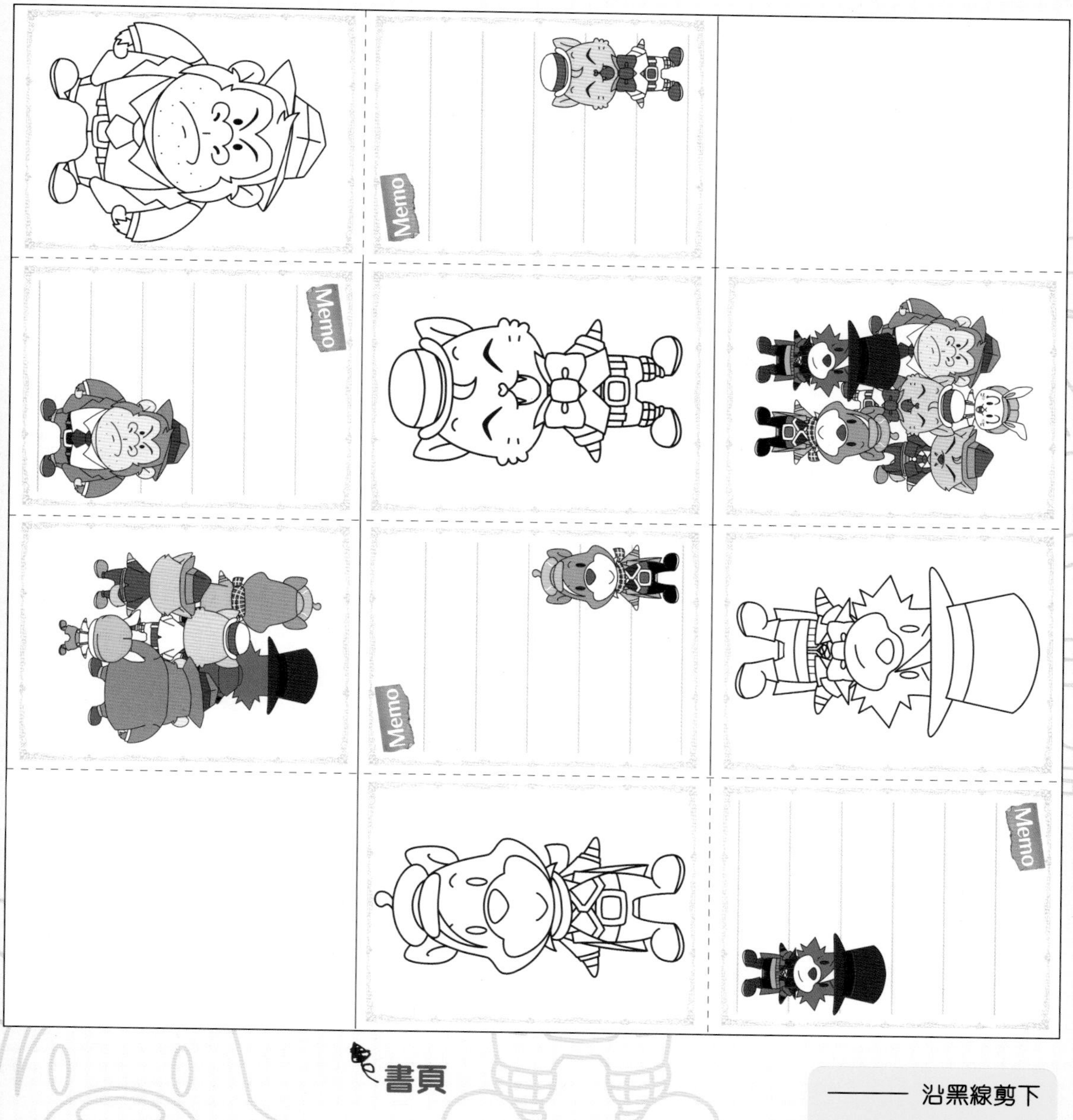

書頁

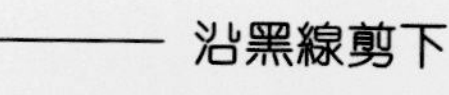

沿黑線剪下

沿虛線摺

沿紅線裁切

黏貼處

封面1

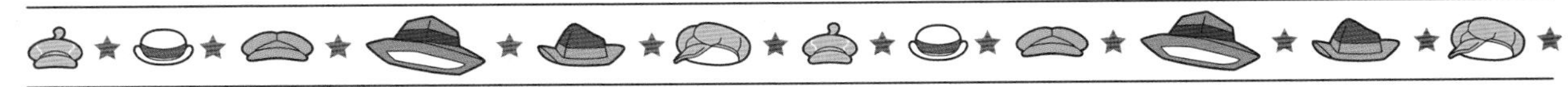

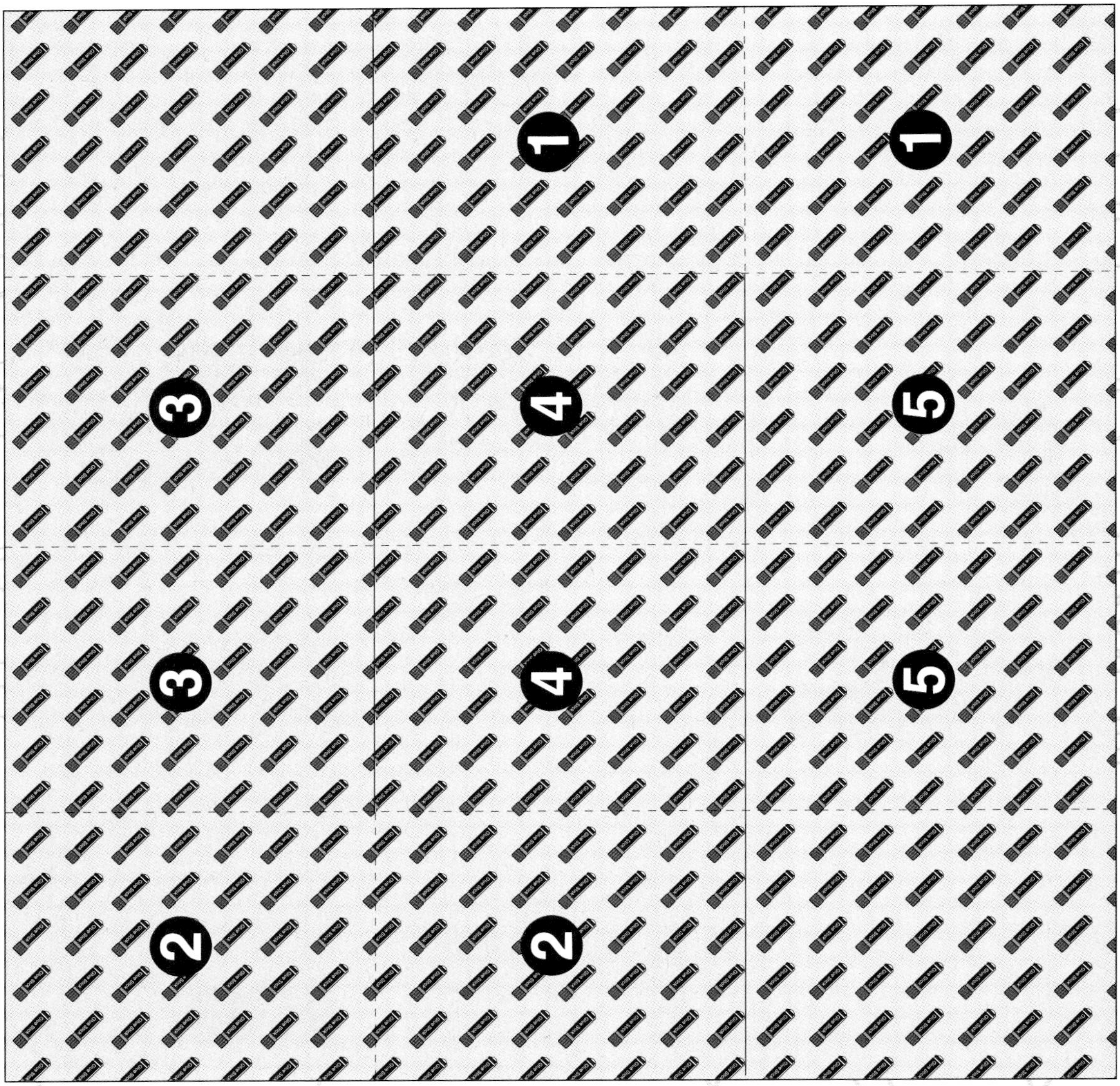

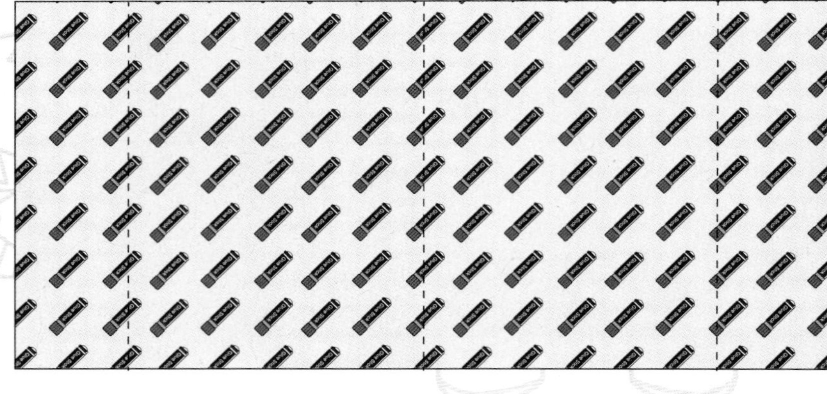

封面2

封面3

封面4

封面5

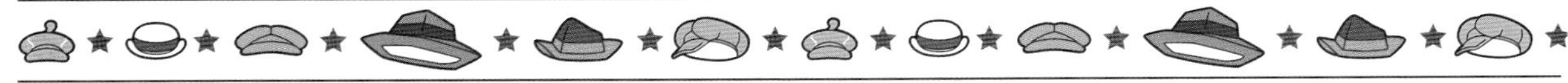

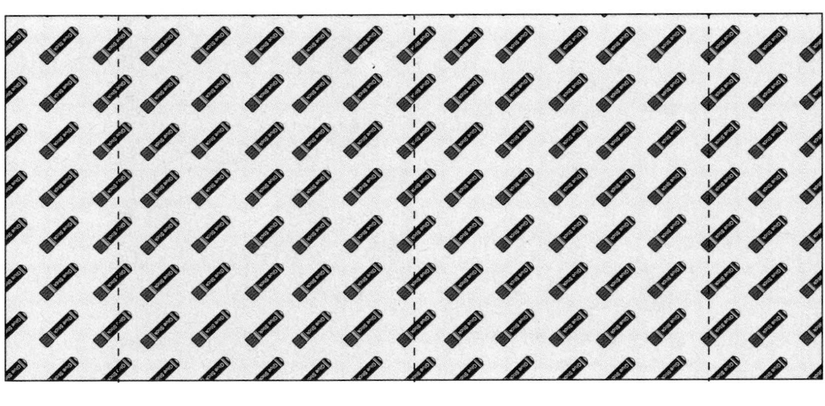

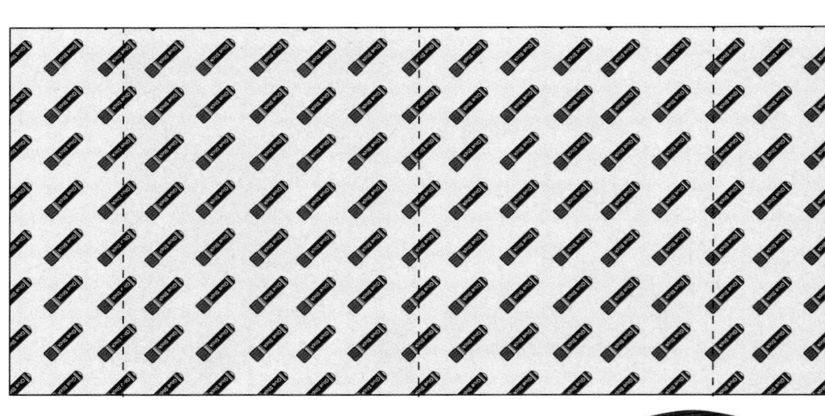

主辦：香港教育城 HKedCity　正文社　觀塘劇場 Kwuntong Theatre

大偵探福爾摩斯 SHERLOCK HOLMES 朗讀劇比賽

www.edcity.hk/readingholmes

目　　的：鼓勵線上、線下閱讀交流
培養學生閱讀、理解、改編再分享
培養親子關係

對　　象：學生組：全港小一至小六學生
親子組：全港小一至小六學生及其家長或家人

提交作品日期：2021年3月15日至5月21日下午6時

參與辦法：
學生組：學生或負責老師以香港教育城（教城）學生、教師或學校管理人帳戶登入、填妥表格及上載作品。
親子組：家長以香港教育城（教城）公眾帳戶登入、填妥表格及上載作品。

計劃形式：
參加者可從厲河先生所著的《大偵探福爾摩斯》（1至53集）及其所有外傳作品中，選取章節自行錄製影片。參加者須保留故事原意，但可自行改編或刪減內容。

- 演出形式
  - 以對白或朗讀形式之演出
  - 可輔以簡單舞台走位及動作演讀
  - 演出過程不可剪接
- 學生可同時參加學生組及親子組
（親子作品不會計算入學校參與率）

評審：
倪秉郎先生、呂志剛先生、洪婉玲女士、厲河先生（排名不分先後）

獎項及獎品

積極參與學校獎（以參與率百分比計算）：
冠軍（1名）：獎盃乙座及1,000元書券
亞軍（1名）：獎盃乙座及600元書券
季軍（1名）：獎盃乙座及300元書券

「朗讀之星」學生大獎：
冠軍（1名）：獎盃乙座、證書乙張、《大偵探福爾摩斯》及外傳乙套連簽名
亞軍（1名）：獎盃乙座、證書乙張、《大偵探福爾摩斯》及外傳乙套
季軍（1名）：獎盃乙座、證書乙張、《大偵探福爾摩斯》及外傳乙套
參加者均可獲得電子嘉許狀乙張

「朗讀之星」親子大獎：
冠軍（1名）：獎盃乙座及1,000元書券
亞軍（1名）：獎盃乙座及600元書券
季軍（1名）：獎盃乙座及300元書券
參加者均可獲得電子嘉許狀乙張

比賽詳細內容以網頁最新公布為準。
主辦單位保留更改比賽條款及細則之權利。如有任何爭議，主辦單位保留最終決定權。

有關比賽詳情及參加辦法，請瀏覽網頁。

通識 親子

韓式紫菜飯卷2食

紫菜飯卷材料豐富，可以按喜好自由搭配的啊！

紫菜飯卷（Kimbap）是韓國的地道小吃，由於可冷食，而且方便攜帶，任何時候任何地方都是飽肚之選。趁着仍然天清氣爽，就自製一些帶去野餐吧！

製作難度：★★★
製作時間：1小時

掃描QR Code可觀看製作短片。

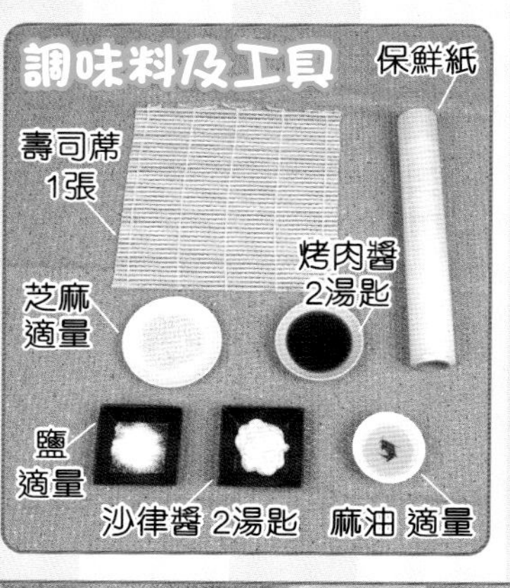

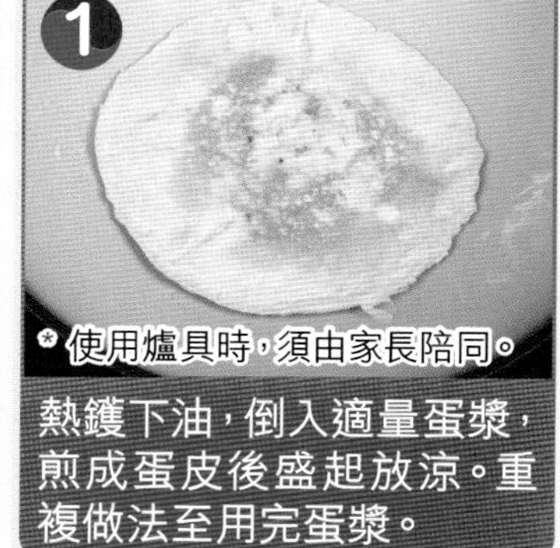

＊使用爐具時，須由家長陪同。

熱鑊下油，倒入適量蛋漿，煎成蛋皮後盛起放涼。重複做法至用完蛋漿。

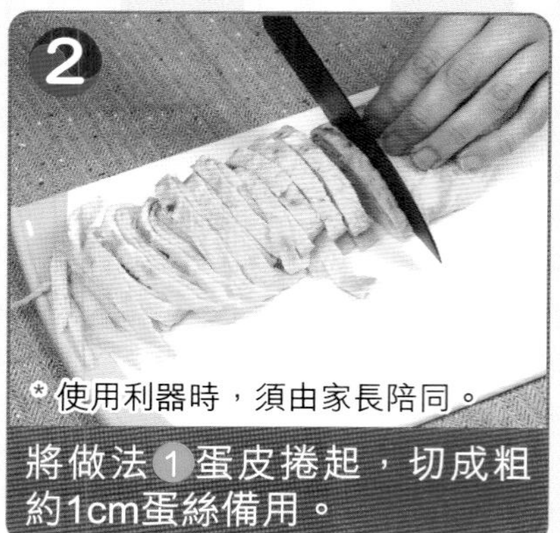

＊使用利器時，須由家長陪同。

將做法1蛋皮捲起，切成粗約1cm蛋絲備用。

＊生食材與熟（或即食）食材請使用不同刀及砧板。

甘筍削皮後切條，青瓜及醃蘿蔔亦切條。青瓜加入適量鹽稍醃，倒掉多餘水分。

熱鑊下油，放入甘筍條炒至軟身，下適量鹽調味，盛起備用。

菠菜清洗後，放進沸水煮1分鐘。撈起瀝乾，加入適量鹽、麻油及芝麻拌勻。

*①考考你：沒有烤肉醬怎辦？

免治牛肉加入烤肉醬稍醃。

吞拿魚去掉水分，加入沙律醬拌勻。

熱鑊下油，放入做法6免治牛肉炒熟，盛起備用。

吞拿魚紫菜飯卷

*②考考你：紫菜有分底面嗎？

將保鮮紙鋪在壽司蓆上，在上面鋪一塊紫菜。

*③考考你：為甚麼不能趁熱放熟米飯？

將適量放涼的熟米飯平均鋪在紫菜上，其中一邊預留約1吋空位。

在一邊鋪上吞拿魚，適量蛋絲、甘筍、青瓜及醃蘿蔔。

慢慢將壽司蓆捲起（朝着沒米飯的方向），邊輕輕按壓，邊逐少移走蓆和保鮮紙。

牛肉紫菜飯卷

重複做法9和10，在中央鋪上牛肉、菠菜、蛋絲、甘筍和醃蘿蔔，再重複做法12。

將所有飯卷掃上適量麻油，灑上芝麻，再切件。

答案：
①可以用生抽 1 湯匙、糖 1 湯匙、麻油 1 茶匙及適量胡椒粉代替。
②紫菜一面較光滑，一面較粗糙，光滑的一面朝下，粗糙一面鋪材料。
③米飯太熱會令紫菜變軟，影響口感。

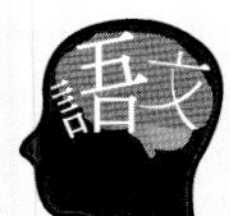

語文題

❶ 英文拼字遊戲

根據下列1~5提示，在本期英文小說《大偵探福爾摩斯》的生字表（Glossary）中尋找適當的詞語，以橫、直或斜的方式圈出來。

A	R	M	T	E	K	L	I	L	Y	B	M
D	E	A	O	A	D	B	J	O	N	E	O
U	C	T	L	I	U	E	M	E	C	R	N
B	K	Y	U	N	S	I	C	R	U	Y	K
I	R	H	S	L	I	T	L	M	F	G	E
O	S	D	R	E	A	D	K	A	E	R	Y
U	H	N	K	R	P	U	Y	K	C	U	L
S	E	C	Y	O	S	H	A	E	L	D	A
K	O	K	U	M	R	L	N	T	Q	G	F
M	R	E	V	A	P	O	R	A	T	E	I

例 (名詞)憂慮、害怕
1.(名詞)積怨、怨恨
2.(形容詞)濕潤的
3.(形容詞)可疑的
4.(名詞)花蜜
5.(動詞)蒸發

❷ 看圖組字遊戲

試依據每題的圖片或文字組合成中文單字。

例

忿

a

____

b

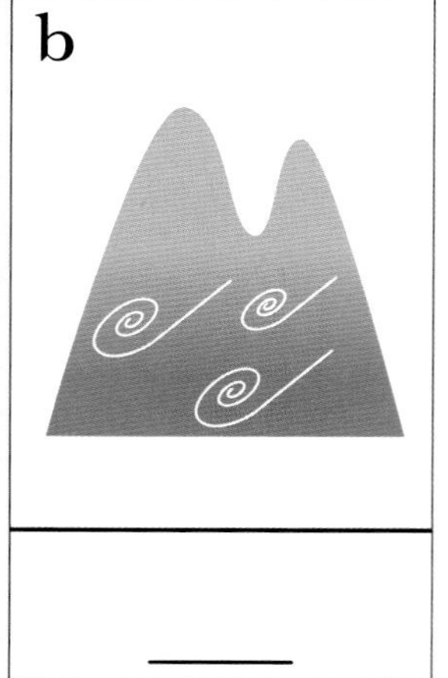

____

c

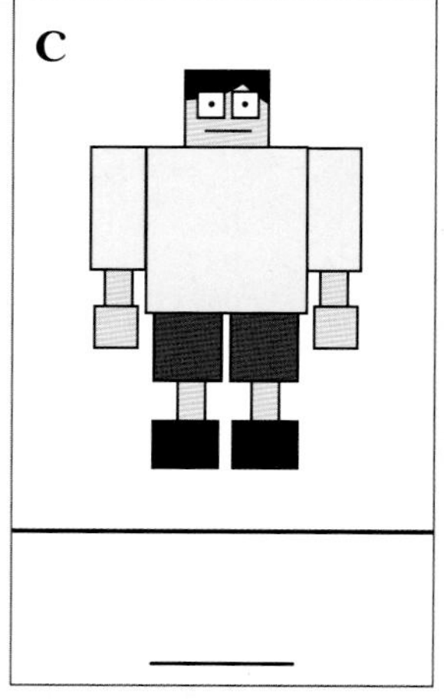

____

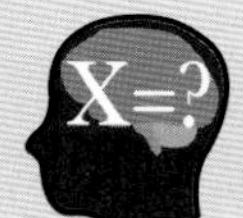

推理題

❸ 圖形拼圖

下圖「？」的位置，應該填上A~E哪個圖形呢？

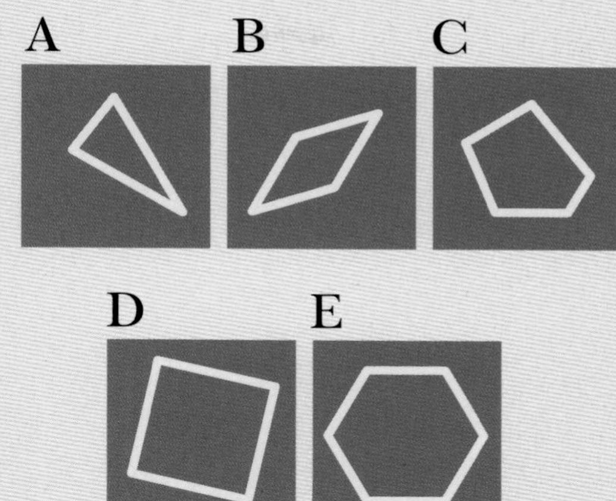

數學題

❹ 復活蛋的重量

活潑貓買了一個朱古力復活蛋裝飾回家，打算與大家分享，已經知道左邊的大朱古力蛋重40g，你能幫她計算其餘朱古力蛋的重量嗎？

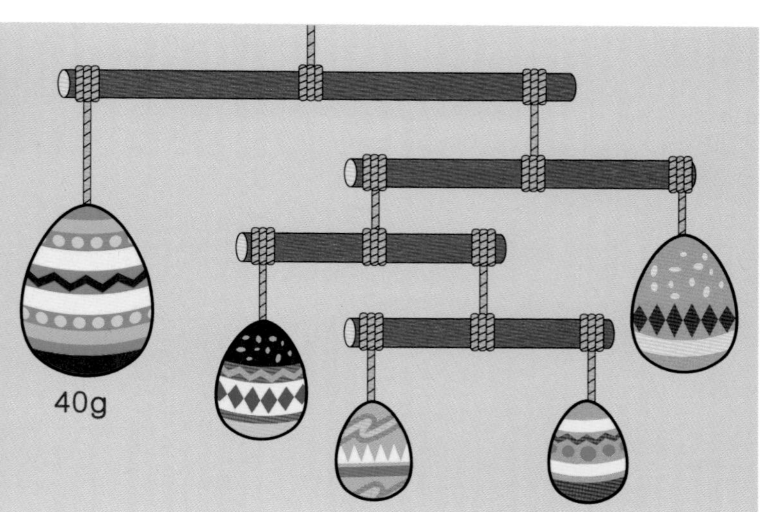

答案

1.

A	R	M	T	E	K	L	I	L	Y	B	M
D	E	A	O	A	D	B	J	O	N	E	O
U	C	T	L	I	U	E	M	E	C	R	N
B	K	Y	U	N	S	I	C	R	U	Y	K
I	R	H	S	L	I	T	L	M	F	G	E
O	S	D	R	E	A	D	K	A	E	R	Y
U	H	N	K	R	P	U	Y	K	C	U	L
S	E	C	Y	O	S	H	A	E	L	D	A
K	O	K	U	M	R	L	N	T	Q	G	F
M	R	E	V	A	P	O	R	A	T	E	I

2. a. 特　b. 嵐　c. 仿

3. 答案是E。
因為每行由左往右看，圖形都會增加一條邊。第三行左邊是四邊形，中間是五邊形，所以右邊就會是六邊形。

4.

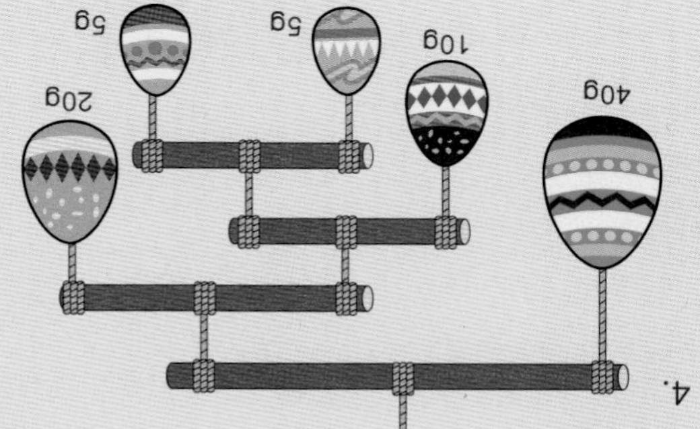

在今期的《大偵探福爾摩斯》中，少年夏洛克和猩仔再次登場，合力破解謎題！大家還記得故事中出現的成語嗎？

〔鬱鬱寡歡〕

少年夏洛克一如以往地在豬大媽的雜貨店中幫忙。自從遇襲案之後，豬大媽總是**鬱鬱寡歡**。夏洛克雖然儘量抽空相伴，但始終沒法讓豬大媽提起精神來。為了減輕豬大媽的負擔，他比以往更賣力地為她打點店子。

很多成語都使用了疊字，你懂得以下幾個嗎？

□□旦旦

把誓言説得真誠可信。

□□眈眈

形容心懷不軌，一直看着，等候下手的時機。

比比□□

形容數量很多，到處都是。

岌岌□□

形容事物處於非常危險的狀態。

言詞嚴厲地説正當道理。

〔詞嚴義正〕

「豈有此理，你怎麼把壞人的錯，説成是自己的錯？」猩仔斥責，「我們雖然應該反省，但起因是那個老騙子呀！」

夏洛克沒想到猩仔會如此**詞嚴義正**，剎那間變得啞口無言，只好跟着猩仔再去追尋老人的去向。

右邊的字由四個四字成語分拆而成，每個成語都包含了「詞嚴義正」的其中一個字，你懂得把它們還原嗎？

詞待屈陣 ____________

攵嚴斷大 ____________

章明義理 ____________

取窮光正 ____________

〔自告奮勇〕

猩仔和夏洛克向五人道謝後，就依循他們提供的線索，終於找到老人的房子。

自稱天不怕地不怕的猩仔，**自告奮勇**地衝進房子，卻見老人正在照顧一個看來只有兩三歲大的男孩。

下面是一個以四字成語來玩的接龍遊戲，你懂得如何接上嗎？

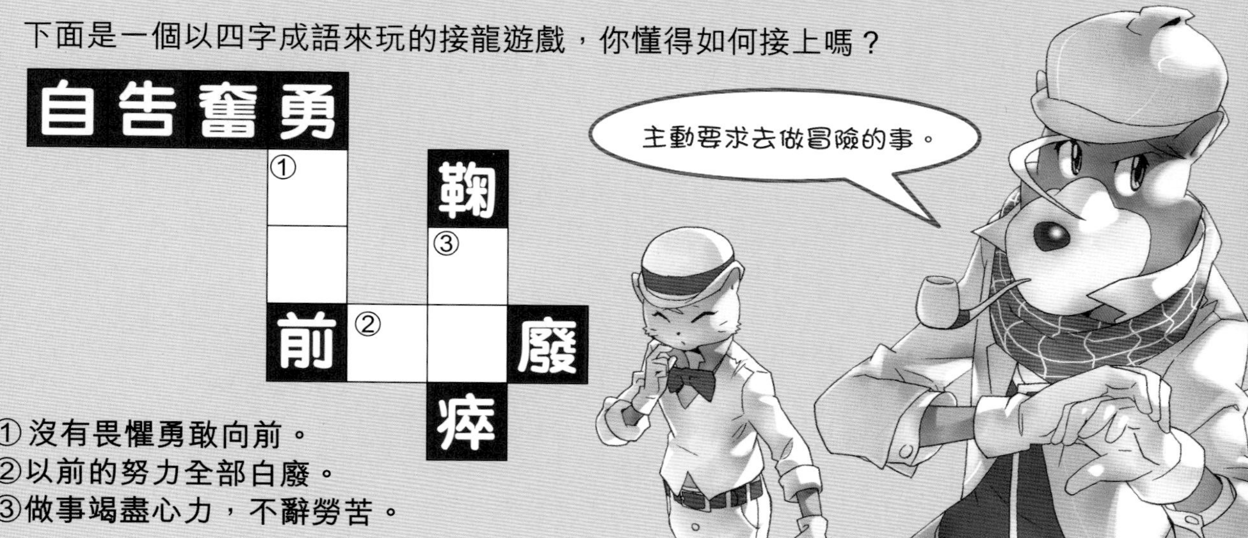

①沒有畏懼勇敢向前。
②以前的努力全部白廢。
③做事竭盡心力，不辭勞苦。

〔家徒四壁〕

「你看我這裏**家徒四壁**，就知道我沒騙你……」老人有點感到無地自容地說。

夏洛克和猩仔看了看屋內，果然，客廳的陳設非常殘舊，沒有一件是值錢的東西。

百家 •	• 戶誦
如數 •	• 爭鳴
傾家 •	• 興家
白手 •	• 蕩產
家傳 •	• 家珍

很多成語都與「家」字有關，左面五個全部被分成兩組並調亂了位置，你能畫上線把它們連接起來嗎？

答案：

鬱鬱寡歡　信誓旦旦　比比皆是　虎視眈眈　岌岌可危

詞嚴義正　理屈詞窮　嚴陣以待　斷章取義　正大光明

自告奮勇　①勇往直前　②前功盡廢　③鞠躬盡瘁

家徒四壁　百家爭鳴　如數家珍　傾家蕩產　白手興家　家傳戶誦

SHERLOCK HOLMES

大偵探福爾摩斯

The Honeybee Murder ②

Sherlock Holmes
London's most famous private detective. He is an expert in analytical observation with a wealth of knowledge. He is also skilled in both martial arts and the violin.

Author: Lai Ho

Illustrator: Yu Yuen Wong

Translator: Maria Kan

Watson
Holmes's most dependable crime-investigating partner. A former military doctor, he is kind and helpful when help is needed.

Previously : Holmes and Watson had gone to Kent to help the local police with a murder investigation. Just as they were wrapping up the case, they stumbled upon an even more bizarre case – the mysterious mass death of honeybees at a local bee farm. Intrigued by this unique case, Holmes decided to pay a visit to the bee farm to investigate the cause of death with Martin, the beekeeper who reported this case to the police.

Henry Bee Farm

Enclosed by a **rustic** wire fence, Henry Bee Farm was not a very large farm. And just as Martin had said, anyone could easily break into the farm. Right after the men had entered through the gates, a number of beehive boxes could be seen sparsely placed on the lawn. Holmes did a quick count in his head and counted a total of only ten beehive boxes.

"Can you open the boxes for me to take a look please?" asked Holmes to Martin.

Without saying a word, Martin opened the lid of one of the boxes. There were ten brood frames* standing

*A brood frame is a wooden frame that holds honeycomb inside a hive box. After collecting nectar and pollen from flowers, bees would regurgitate honey onto the brood frames then beekeepers would collect the honey from the frames.

Glossary rustic (形) 粗製的、簡陋的 sparsely (副) 稀疏地 brood frame(s) (名) 巢框

vertically inside the box. Martin pulled out a few frames and said, "As you can see, some dead bees are stuck on the frames but most of them have fallen to the bottom of the box."

Holmes took a look at the hive box's interior. Sure enough, the bottom of the box was piled with dead bees.

"I can't smell any insecticide odour. You are right. The bees were not killed by insecticide," said Holmes. Watson understood well that if insecticide had been sprayed, the box would carry such a strong stench that even a layman like himself would be able to detect it right away.

"I've been a beekeeper for so many years, but even I can't figure out how the bees were killed," sighed Martin.

Holmes pulled out his magnifying glass and began to inspect the surroundings near the hive box.

"Are you looking for footprints?" asked Watson, knowing that his old partner always had a habit of looking for footprints at crime scenes.

"No," uttered Holmes while shaking his head.

Glossary vertically (副) 垂直地 stuck (形) 卡住的 hive box (名) 蜂箱 odour (名) 氣味 stench (名) 臭味、惡臭

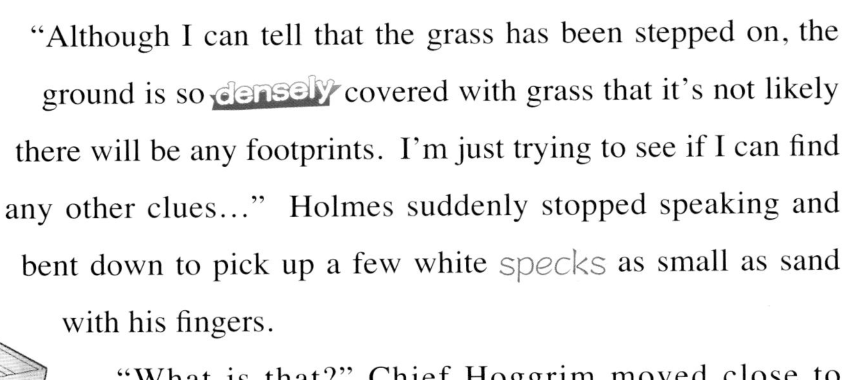

"Although I can tell that the grass has been stepped on, the ground is so **densely** covered with grass that it's not likely there will be any footprints. I'm just trying to see if I can find any other clues..." Holmes suddenly stopped speaking and bent down to pick up a few white specks as small as sand with his fingers.

"What is that?" Chief Hoggrim moved close to Holmes and asked curiously.

Holmes looked at the specks under his magnifying glass over and over again then said, "It appears to be salt."

"Salt?" asked the astonished Watson. Watson could not help but think, *bees collect* **nectar** *so discovering sugar crystals from honey near the boxes would be reasonable. But finding salt just doesn't make any sense.*

Holmes stuck his tongue out and licked his fingertip, "This is definitely salt. I can taste the saltiness."

Martin also found it **baffling** after hearing Holmes's words. He *tilted* his head **sceptically** and asked, "Why would there be salt? We never sprinkle salt in the farm."

Without offering a reply to Martin, Holmes walked over to the other hive boxes to inspect their surroundings. Grains of salt were also found on the ground near the other boxes.

Watson asked, "Do bees die if they eat salt?"

"That's impossible because bees don't eat salt, not to mention there is plenty of food for them in this season. That **orchard** over there has many apple trees and their flowers are blooming right now. The bees can just fly over there to collect nectar and pollen, so why would they bother to eat salt?" said Martin while pointing towards the direction of the nearby orchard. Sure enough, the branches of the apple trees

Glossary densely (副) 密集地、茂密地　speck(s) (名) 微粒　nectar (名) 花蜜　baffling (形) 困惑的、莫名其妙的　tilt(ed) (動) 側着、歪着　sceptically (副) 懷疑地　sprinkle (動) 灑　orchard (名) 果園　pollen (名) 花粉

were all covered with many white flowers.

With his eyebrows **furrowed**, Holmes kept staring at the salt grains on his fingertip. Watson could tell that the puzzle this time was very **perplexing**, even for our great detective. How could salt be related to the mass death of honeybees?

"Oh! I just remember that I still haven't informed my boss, Mr. Henry, of the situation. Will you come with me to see him please? Perhaps you could help me explain to Mr. Henry that it wasn't my **negligence** that caused the bees' death," requested Martin.

"Yes, yes, yes. We must inform Mr. Henry of the situation," agreed Chief Hoggrim.

"Hold on a minute, Martin. Can you take us around a bit more first? Maybe we would discover something else," said Holmes.

"Okay." On that note, Martin led Holmes, Watson and Chief Hoggrim on a tour around the bee farm but nothing special came up. They then headed to the area behind the farm where there was a **creek**.

"What a refreshing creek!" Watson could not help but praise, "With beautiful flowers and fresh water nearby, this certainly is a prime location for beekeeping."

"We're not here to enjoy the scenery," said Holmes as he rolled his eyes at Watson. Holmes then bent down by the creek and said, "Come take a look. There are a few dead bees over here."

Upon hearing those words, Martin, Watson and Chief

Glossary furrowed (形) 緊皺的 perplexing (形) 困惑的 negligence (名) 疏忽、過失 creek (名) 小溪

Hoggrim all crouched down for a better look. Sure enough, on the soil near the bank of the creek lay a few dead bees.

"How strange! Why would the bees end up dead on this very spot? I've been working here for years and this is my first time seeing this," said the confused Martin.

Holmes pulled out his magnifying glass and inspected the soil near the dead bees, "I see some salt grains in the soil too." Holmes then took a pinch of the soil and gave it a **sniff**.

Chief Hoggrim copied Holmes and picked up some soil for a sniff as well. He cringed his eyebrows and said, "It smells like ordinary soil. I can't smell anything special."

Ignoring his old schoolmate, Holmes asked Martin, "Is there a kitchen around here? I'd like to borrow a frying pan please."

"We have a kitchen inside the farm. But what do you need the frying pan for?" Holmes's request sounded very odd to Martin.

Even Watson thought the request was rather odd, "Are you feeling hungry, mate? I don't think this is the right time for cooking."

"I am not cooking food. I want to cook the soil," said Holmes with a **shrewd** smile on his face while showing his handful of soil to Watson.

"What? You want to cook soil?" Both Watson and Chief Hoggrim could not help but open their eyes wide in surprise.

Glossary crouch(ed) down (片語動) 俯身、蹲下　pinch (名) 少量、一撮　sniff (名) 嗅、聞　shrewd (形) 狡猾的

Martin thought it sounded **dubious** too, but his suspicion was no match against the confidence in Holmes's eyes. Martin led everyone back to the farm's kitchen then handed a frying pan to Holmes to cook the soil.

"The soil by the creek is very **moist**. After the heat dries up the **moisture**, we should find something interesting," explained Holmes.

A short moment later, steam began to rise from the frying pan that was heating the soil and the moisture in the soil was soon **evaporated**. To everyone's surprise, many small white crystals could be seen within the dry soil.

"Those white crystals are salt grains, and there are quite a lot of them too," said Holmes. "I speculated that someone must've poured salt by the creek and most of the salt must've been **dissolved** in the moist soil. That's why I needed to cook the soil to see how much salt was still in the soil after the moisture is evaporated."

"How strange! Why pour away so much salt? Does killing bees require a lot of salt?" asked Watson.

"I'm not sure yet at this point, but since a few dead bees are found on top of highly salted soil, there must be a connection between the bees' mass death and the large amounts of salt by the creek."

"Yes, yes, yes," chimed in the chief constable with his chubby chin in his pudgy hand, but his utterance was ignored by everyone.

"But how does a large amount of salt cause the death of honeybees?" muttered the **bewildered** Martin.

"I can't draw a connection just yet, but this has to be an important clue," said Holmes. "I think I've seen enough here for now. Let's go pay a visit to Mr Henry. He has suffered a great loss from this incident. He is the biggest

Glossary dubious (形) 可疑的 moist (形) 濕潤的 moisture (名) 水分 evaporate(d) (動) 蒸發 dissolve(d) (動) 溶解 bewildered (形) 困惑的

victim in this case. Criminal damages usually trace back to **grudges** between the victim and his **foes**, so talking to Mr. Henry might help us solve the case."

The Orchard's Owner

Just as the four men were about to **hop into** the carriage that was parked in front of the gates of the bee farm, a young woman came running over to them. She seemed to recognise Chief Hoggrim, because a sense of anxious **dread** appeared in her eyes as soon as she saw his face.

Her **gaze** moved back and forth between Chief Hoggrim and Martin. Still **gasping** lightly after the short run, she said worriedly, "Mr. Martin, did something happen at the bee farm? I haven't seen any bees coming to the orchard today."

Martin hesitated to give the woman a straight reply. He seemed so afraid to tell her the truth that he could not even look her in the eye.

"Of course there are no bees flying around. They've all died this morning!" **blurted out** Chief Hoggrim **matter-of-factly**.

The woman was utterly shocked upon hearing those words. It took her a moment before she could gather her senses and ask, "They've all died? How could this be?"

Glossary grudge(s) (名) 積怨、怨恨　foe(s) (名) 敵人、仇人　hop into (片語動) 跳上　dread (名) 憂慮、害怕　gaze (名) 視線　gasp(ing) (動) 喘氣　blurt(ed) out (片語動) 衝口而出　matter-of-factly (副) 如實地、毫不修飾地

Martin lowered his head and could not bring himself to offer a reply.

Sensing the awkwardness in Martin, Holmes stepped in and introduced himself, "My name is Sherlock Holmes. I am an old friend of Chief Hoggrim's."

It looked as though the woman had only just realised there were two other men in the group besides Martin and the **chief constable**, "Oh, I'm sorry. My name is Ally. I'm the owner of the apple orchard nearby."

"I see," nodded Holmes with a serious look in his eyes.

Watson could understand why the woman was in such a panic. It was flowering season and the apple trees needed the bees to carry pollen from flower to flower. Without the bees, **pollination** would not be possible and no apples would grow on the trees. Martin kept **humming and hawing** because he knew too well that this news would be a hard hit for Ally.

At this moment, a little boy and a little girl came running towards the bee farm. They greeted Martin **in unison**, "Good afternoon, Mr. Martin!"

"Hello children." Martin tried his best to force a smile onto his face.

"Oh, my sweet darlings..." As Ally bent down to hug the children, the sadness in her spilled out into **devastating** sobs.

"Mummy, are you okay?" The children were **startled** by their mother's sudden burst of tears.

"The bees are gone... There won't be a harvest this year... We can't keep the orchard anymore..." said Ally in between sobs as she laid her hands on the children's heads.

"Why are the little bees gone? They were here yesterday,"

Glossary chief constable (名) 警察局局長 pollination (名) 傳播花粉、授粉
hum(ming) and haw(ing) (習) 支吾以對、吞吞吐吐 in unison (片語) 異口同聲、一致地
devastating (形) 極度悲傷的 startled (形) 受驚的

asked the little girl.

"That's right. They were still buzzing happily here yesterday," said the little boy before turning to Martin, "Mr. Martin, they were fine yesterday, right?"

Martin looked troubled and did not know what to say. Watson and Chief Hoggrim just stood there in **awkward** silence. They simply could not find the right words to respond to the children.

On the contrary, Holmes was calm and collected. He stepped towards the children then knelt down to their eye-level and said with a gentle smile, "Don't worry, children. The little bees are just really **knackered** from working so hard and they need a rest. Shall we let them have a day-off today?"

"Well, the busy little bees do fly around all day. They must be really knackered," said the little girl innocently.

"Yes, I think they deserve a day-off. We take naps when we're knackered, so the little bees should take a break too if they're knackered," said the little boy, reasoning the matter out loud.

"Very well. You two are very kind children for being so **thoughtful** to the little bees. I think your mummy is feeling a bit knackered too and I think she deserves a break just as well. Why don't you two take her home?" said Holmes.

"Oh yes, Mummy must be so knackered. She has to take care of us and she has to take care of the orchard all day," said the little girl while nodding her head.

The little boy turned to their mother and gently wiped the tears off her face with his little hand. "Mummy, you must be so knackered. Don't cry, Mummy. You deserve a break too, just like the little bees."

Glossary awkward (形) 尷尬的 knackered (形) 筋疲力盡的、疲累的 thoughtful (形) 細心的、體貼的

Holmes helped Ally up on her feet, "You should go home and take some rest today. Don't worry. We will take care of this bee incident."

Tears still welling in her eyes, Ally was feeling rather unsure.

Chief Hoggrim took a step forward and said in his most **dependable** voice, "Yes, yes, yes! Don't worry, Ally. This man here is my old schoolmate who also happens to be London's most famous private investigator, the great detective Mr. Sherlock Holmes. He is here to help us with this case. I can assure you that nothing is too difficult for his brilliance!"

Even though Ally had never heard of our great detective's name before, Chief Hoggrim's confidence in Holmes's ability had made her feel less worried. After thanking Holmes for his help, Ally took her children's hands and turned back towards the orchard.

When Ally and her children had walked far enough to be **out of earshot**, Martin said with a deep sigh, "Ally's husband died in a road accident about a year ago. She has been taking care of the orchard all by herself ever since. Now that the bees have died, her situation is probably more **dire** than ours at the bee farm."

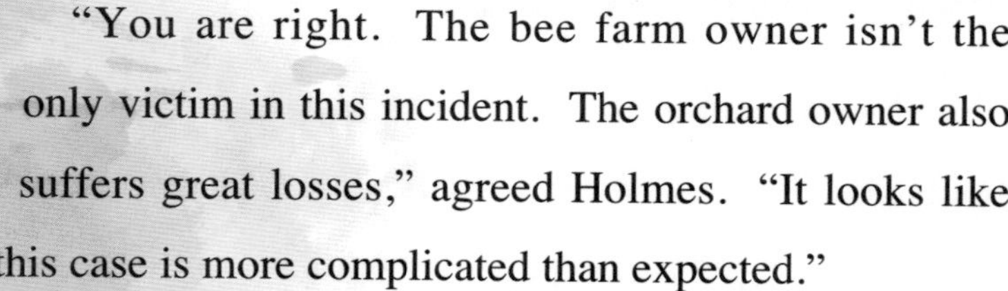

"You are right. The bee farm owner isn't the only victim in this incident. The orchard owner also suffers great losses," agreed Holmes. "It looks like this case is more complicated than expected."

"It's getting late. We should go visit Mr. Henry now and see what's there to follow through," urged Chief Hoggrim.

.... to be continued.

Next time on **Sherlock Holmes** — Holmes discovers some clues on the platform of a cargo carriage. Could Holmes figure out the cause of the honeybees' mass death with these clues?

Glossary dependable (形) 令人信賴的 out of earshot (習) 聽不到的範圍 dire (形) 危急的、嚴重的

I Object To Discrimination!

ARTIST: KEUNG CHI KIT CONCEPT: RIGHTMAN CREATIVE TEAM

公園

嗖一

伏一

啪一

哇~　　你很棒！　　謝謝！　　等我教你玩！　　耶！

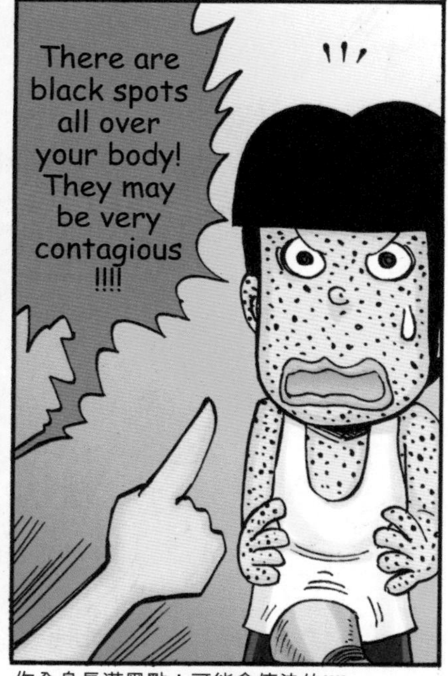

不要碰我的女兒!!　　你全身長滿黑點！可能會傳染的!!!!

寶貝，我們去其他地方玩！

好恐怖……　　哇~　　是傳染病！　　喂~　　我沒有病!!別怕我……

嗚嗚……

為何所有人都與我保持距離!?

我只是外表與其他人不同。莫非我的一生都要受到歧視!?

嗚~~~~

小朋友，這個扯鈴不能吞的！

吐出來!!

吐

呀……好痛……　你 好 嗎　我 叫 森 巴　嗨，森巴，
你沒事就好了……　沒 事

哈哈~~~　啦啦~~~　啦~~~

你不怕我嗎!?　為 何 怕？　我看起來與眾不同……　不 怕

哦~我真的太感動了!!　這個世界終於有人不怕我了!!

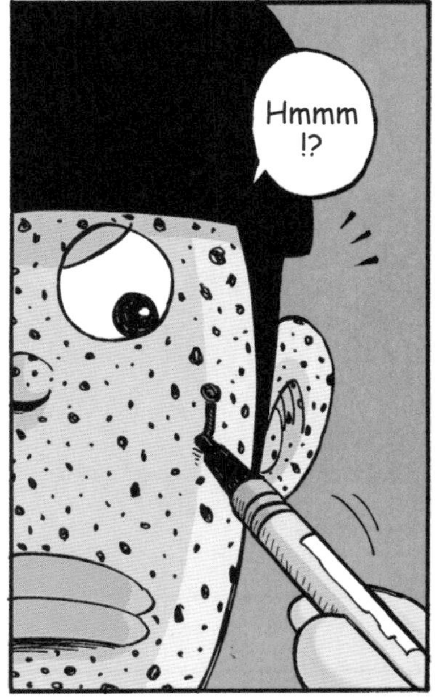

唔!?

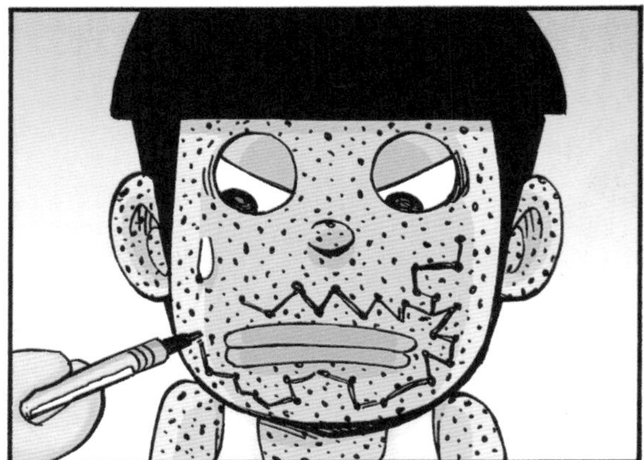

完　成　喂，我的臉不是用來畫的!!

沒關係，至少你不怕我……
我應該感到高興!!

呀，我還未自我介紹，

我叫黑子，今年10歲。
嗨

我 叫 屁 股 星 人
我 今 年 5 歲
但之前，你說你叫森巴……

我 識 你 豹 子
豹子!?你在說甚麼？

豹 子
我是人來的，好嗎!?
我不是豹子！

我出生時就是這樣子……
啊~~~
為 何

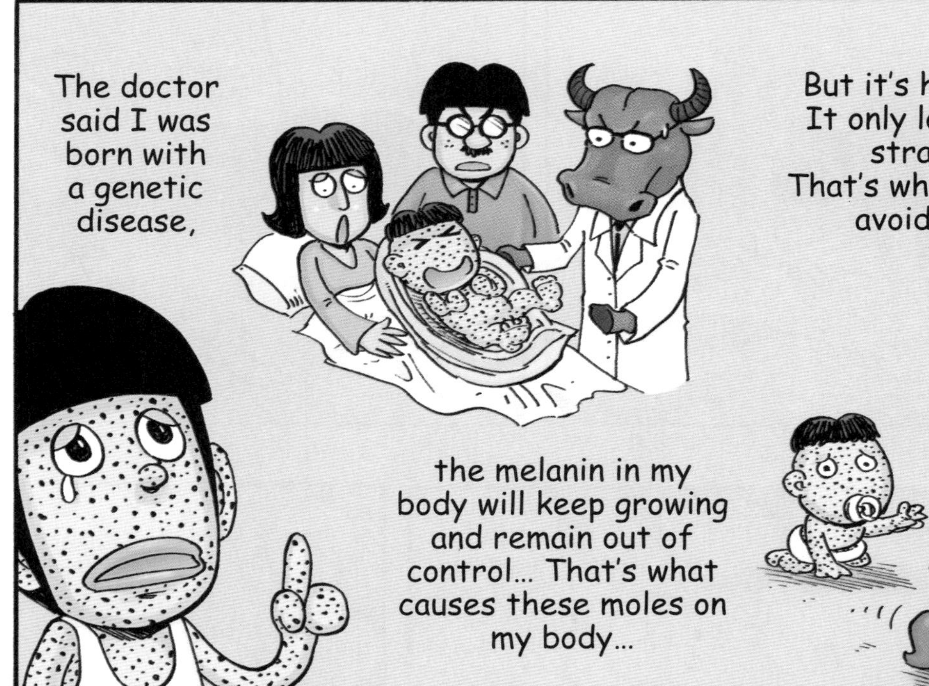

醫生説我天生患有一種遺傳病，　身體內的黑色素會不受控地生長……令我的身體長滿痣……　但是無害的……只是看起來有點怪……所以每個人都避開我……

But today, I've finally met a person who's not scared of me!!

Ha ~~~

我總是一個人玩……　不過今天，我終於遇到一個不怕我的人!!　哈~~~

My
friend
I'll
help
you
?

好　剛睡醒精力充沛　朋友我幫你

嗄~~~ 完 成 綠色 你只是蓋住了我的痣，就這樣!? 我看起來更像怪物！其他人更會避開我!!!

哇~~~是綠色巨人!! 就像電影一樣!! 哇!!油漆還未乾！ 你是行為藝術家嗎？ 他假扮蠟像！ 蠟融化了!!

嘿!!

我不想掩飾!! 這是我的真面目!!

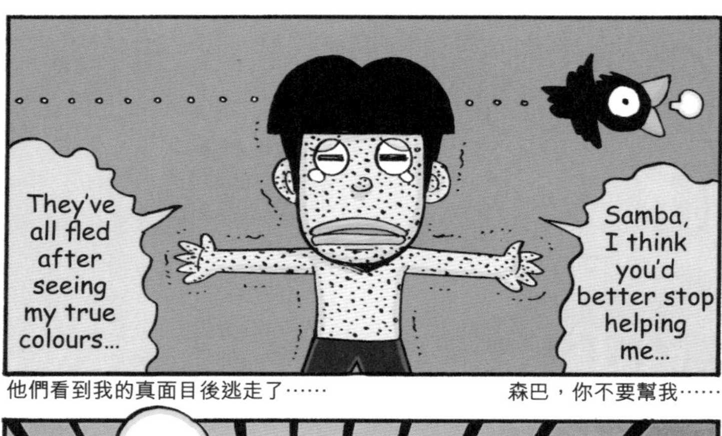

他們看到我的真面目後逃走了…… 森巴，你不要幫我……

傳染病!! 他是怪物!! 你 叫 我 砰—

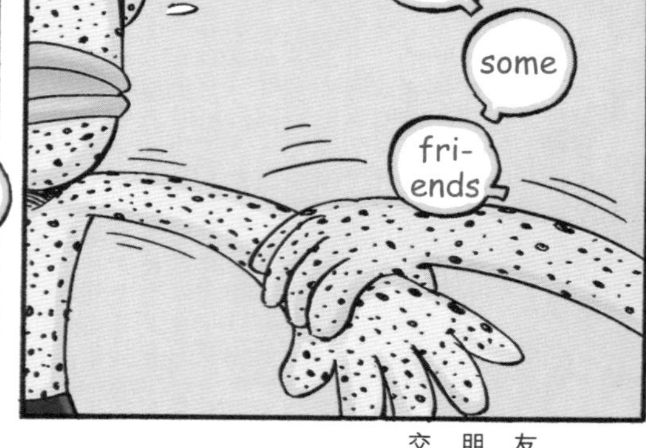

你為何扮我!? 一 起 去 交 朋 友 交 朋 友

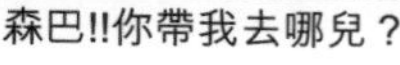

森巴!!你帶我去哪兒？

嗨　　又是你!?

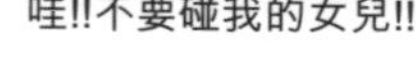

交　朋　友　　哇!!不要碰我的女兒!!

放手!!

你　看　看　　沒　事　的　　吓!?

我　們　三　個　　一　起　玩　　哈哈~~~

登登~~　　哈~~~　　很精彩!!

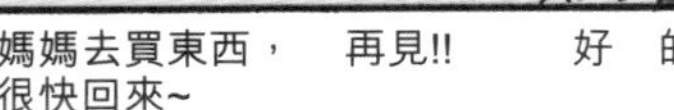

媽媽去買東西，很快回來~　　再見!!　　好 的

太好了！我也會玩!!

我 們　　是 朋 友　　耶!!

朋 友 哈哈~我們看起來一模一樣！
很有趣~

謝謝你，森巴!!全靠你天真無邪的心
幫我消除人與人之間的隔閡！

Hello~~

SWIFT

你好~~ 伏—

我看到你了~不要躲。
出來和我們一起玩!! 啊……

你……你好……　　我叫小肥……

大 肥 豬　呀~~~~　不要!!

森巴!!

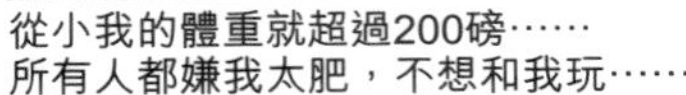
從小我的體重就超過200磅……
所有人都嫌我太肥，不想和我玩……

你是第一個願意和我
交談的人……

來吧~雖然我們外表不同，
也可以一起玩!!

太好了!!

朋　友　　你在幹嘛!?

森巴認為朋友之間無分彼此，
沒有歧視~

所有人都變成
黑子!!

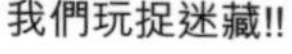

我們玩捉迷藏!!

哈~~~

抓 到 了

哇~~~ 好 臭

我叫胡迪，今年33歲。我出生時就很大汗和有體臭……

所有人都怕了我的體味，不想靠近我……

別 擔 心

一起玩吧!!

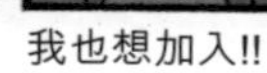

我也想加入!!

所有人都嫌我太黑……
看到我就跑掉……
所以，沒人願意
和我玩……
來 吧
他們說我的頭髮太恐怖，不想和我做朋友……
Everyone thinks I'm too black… They run away when they see me…
So, no one wants to play with me…
Come
on
They said my hair is so horrible, and they don't want to be my friends…
We're
fri-ends
朋 友
Every-one's thinks I'm too femi-nine ~~~
So, they don't want to go shopping with me~
Come
on
來 吧
所以，他們不想和我逛街~
所有人都嫌我太女性化~~~
Every-one thinks I'm too short…
They said they will only be my friends after I've grown taller…
My
fri-ends
I've looked this weird since I was a child~
Which is why no one wants to play with me !
Come
on
所有人都嫌我
太矮……
他們說等我長高後，
才會和我做朋友……
朋 友
我從小就長得
很奇怪~
所以沒人願意
和我玩！
來 吧

雖然我說話的口音很奇怪，
但我是百分百的本地人……
Though I speak with a strange accent, but I am 100% a local...
他們為何要歧視我？
Why do they discriminate against me?
來　吧
Come
on
I was born to look like this... And it frightens anyone who sees me...
We're
fri-ends
我天生就是這樣子……
嚇壞了看到我的人……
朋　友
Every-one envy's my dashing good looks... so they don't want to be my friends ...
I am destined to be lonely...
所有人都妒忌我帥氣的外貌……
不想和我做朋友……
我註定要孤單一人……
Come on all my friends !!
Let's play together !!
Yeah !!
來吧，我的朋友們!!
一起玩吧!!
耶!!

我的寶貝女!!　媽媽回來了!!

哇!!寶貝，發生甚麼事!?

Wah!! Sweetie, what happened to you!?

Remember that everyone is equal~

The end...

記住每個人都是平等的~

完……

兒童的學習 NO.62

請貼上
$2.0郵票

香港柴灣祥利街9號
祥利工業大廈2樓A室
兒童的學習編輯部收

大家可用
電子問卷方式遞交

2021-4-15 ▼請沿虛線向內摺。

請在空格內「✔」出你的選擇。

問卷

有關今期內容

Q1：你喜歡今期主題「改變世界的書」嗎？
01☐非常喜歡 02☐喜歡 03☐一般 04☐不喜歡 05☐非常不喜歡

Q2：你喜歡小說《大偵探福爾摩斯──神秘老人的謎題》嗎？
06☐非常喜歡 07☐喜歡 08☐一般 09☐不喜歡 10☐非常不喜歡

Q3：你覺得SHERLOCK HOLMES的內容艱深嗎？
11☐很艱深 12☐頗深 13☐一般 14☐簡單 15☐非常簡單

Q4：你有跟着下列專欄做作品嗎？
16☐巧手工坊 17☐簡易小廚神 18☐沒有製作

讀者意見區

快樂大獎賞：

我選擇（A-I）

☐要《森巴FAMILY》簽名板
☐要《M博士外傳》簽名板

請沿實線剪下

只要填妥問卷寄回來，就可以參加抽獎了！

感謝您寶貴的意見。

請在此部分塗上膠水。

讀者資料

姓名：	男 女	年齡：	班級：
就讀學校：			
聯絡地址：			
電郵：		聯絡電話：	

你是否同意，本公司將你上述個人資料，只限用作傳送《兒童的學習》及本公司其他書刊資料給你？（請刪去不適用者）

同意/不同意 簽署：＿＿＿＿＿＿＿＿ 日期：＿＿＿年＿＿月＿＿日

讀者意見收集站

A 學習專輯：改變世界的書
B 大偵探福爾摩斯——實戰推理短篇 神秘老人的謎題
C 讀者信箱
D 快樂大獎賞
E 巧手工坊：迷你M博士記事簿
F 簡易小廚神：韓式紫菜飯卷2食
G 知識小遊戲
H 成語小遊戲
I SHERLOCK HOLMES：The Honeybee Murder②
J SAMBA FAMILY：I Object to Discrimination!

＊請以英文代號回答**Q5**至**Q7**

Q5. 你最喜愛的專欄：
第 1 位 19＿＿＿＿ 第 2 位 20＿＿＿＿ 第 3 位 21＿＿＿＿

Q6. 你最不感興趣的專欄： 22＿＿＿＿ 原因：23＿＿＿＿

Q7. 你最看不明白的專欄： 24＿＿＿＿ 不明白之處：25＿＿＿＿

Q8. 你覺得今期的內容豐富嗎？
26☐很豐富 27☐豐富 28☐一般 29☐不豐富

Q9. 你從何處獲得今期《兒童的學習》？
30☐訂閱 31☐書店 32☐報攤 33☐OK便利店
34☐7-Eleven 35☐親友贈閱 36☐其他：＿＿＿＿

Q10. 你喜歡有哪些特點的小手工呢？(可選多項)
37☐實用 38☐外觀精美 39☐容易製作 40☐好玩
41☐材料容易取得 42☐製作富挑戰性 43☐創新獨特
44☐應用科學原理 45☐有活動機關 46☐不用額外準備材料
47☐其他：＿＿＿＿

Q11. 你還會購買下一期的《兒童的學習》嗎？
48☐會 49☐不會，原因＿＿＿＿

請在此部分塗上膠水。